TACK!

Genom att välja en klimatsmart pocket från Månpocket bidrar du till vårt arbete för att göra produktionen av pocketböcker miljövänligare.

Vår vision är att ge ut böcker där man tagit hänsyn till miljön i varje steg av produktionen – och vi strävar efter att bli ännu bättre.

Vi har därför valt att trycka alla våra böcker på FSC-märkt papper. FSC står för Forest Stewardship Council och är en oberoende, internationell organisation som verkar för socialt ansvarstagande genom ett miljöanpassat och ekonomiskt livskraftigt bruk av världens skogar. FSC:s regelverk slår bland annat vakt om hotade djur och växter, om hållbart och långsiktigt bruk av jorden och om säkra och sunda villkor för de som arbetar i skogen.

För de utsläpp som trots allt inte går att undvika i bokproduktionen klimatkompenserar vi genom Climate Friendly. Vi bidrar härigenom till utbyggnaden av hållbar utvinning av förnyelsebar energi, såsom vindkraft.

Vill du veta mer? Besök **www.manpocket.se/klimatsmartpocket**

FSC

klimatsmart pocket

MW01672027

TACK!

Månpocket
Fakta

Elaine Eksvärd

HÄRSKARTEKNIK

Den fula vägen till makt

Denna Månpocket är utgiven enligt överenskommelse med
Bokförlaget Forum, Stockholm

MIX
Papper från ansvarsfulla källor
FSC® C007584

Omslag: Helene Ågren
Författarporträtt: Jesper Anhede

Copyright © Elaine Eksvärd 2011

Tryckt hos ScandBook AB, Falun 2014

ISBN 978-91-7503-121-7

INNEHÅLL

INLEDNING

”Jag drog alltid slutsatsen att mitt magont efter konflikterna var mitt fel, tills jag läste din bok”, sa Mattias, 35 år, som var en av de trehundra som hade samlats i Västerås för att höra min föreläsning om härskarteknik. Han, som många andra män och kvinnor, hade varit utsatt för härskarteknik en längre tid men hade inte haft förmågan att sätta fingret på vad det var. Hans nyblivna fru och hennes barn hade systematiskt fryst ut honom ur familjen med argumentet ”du var inte här från början så du har ingen talan”. Han hade flyttat från England, lämnat jobb och vardag för att ägna sig helhjärtat åt sin nya familj. ”Det är märkligt hur mycket värre det är att känna sig ensam i sin familj än att känna sig ensam själv.” Hans historia berörde mig djupt och fick mig att inse hur viktigt det är med en bok som tar bort genusfiltret på härskarteknikerna och lär ut förmågan att sätta fingret på det subtila och att ta konflikter på ett bra sätt. Det är till och med så att begreppet härskarteknik konstruerades för att visa hur män behåller sitt grepp om makten genom att förtrycka kvinnor. Det är en del av sanningen, men inte hela. Kanske var den delen större förut – den har förändrats. Det är dags att vi släpper genusperspektivet och istället tittar på själva härskartekniken och hur den tar form, annars riskerar vi att bli fördomsfulla mot män och alltid se dem som potentiella härskare. Berit Ås tar upp härskartekniker ur en viktig genusaspekt – den strukturella. Jag har ett individualistiskt och retoriskt perspektiv, men det ena utesluter inte det andra. När jag träffade henne 2010 så var vi rörande överens om att härskartekniker både ur strukturellt, individualistiskt och retoriskt perspektiv måste bekämpas. Det finns de som frågar mig om manliga och kvinnliga härskartekniker. När pratar vi om manligt och kvinnligt rån, manligt och kvinnligt mord eller manlig och kvinnlig musik? Visst tenderar kvinnor och män ibland att använda sig av olika härskartekniker, men så pass stor skillnad är det inte att man kan kalla det manligt eller kvinnligt. För att inte bidra till någon social könskonstruktion av härskarteknik, draperad i blått och rosa, kommer det bara att kallas härskarteknik här. Det är inte för att ta ställning i någon genusopinion, utan det är för att du lättare ska kunna hantera härskartekniker. Om en man någon gång utövar en så kallad kvinnlig härskarteknik så är det likväl en härskarteknik. Jag väljer att även ta bort färg, etnicitet och social status från härskarteknikerna. Alla kan vi bli utsatta, och utsätta andra, det primära fokuset är hur vi hanterar förtryck och undviker att förtrycka. Så haka inte upp dig på om det är en kvinna eller man som härskar, konstatera bara *att* de gör det och hantera det snyggt. Det är dags att uppdatera definitionen av härskarteknik, för vi har blivit betydligt fler som utövar den.

Det var 2005 som jag började uppmärksamma härskartekniker utan genusfilter. Idén till boken kom efter att jag hade haft en föreläsning för Sveriges Televisions nyhetsredaktion. Jag inledde med att prata om fördomar. Då viftade en 40-plus-kvinna för att få ordet: ”Jag vet inte varför jag ska lyssna på en tjej som är hälften så gammal som jag. Jag tänker spontant: och vad ska hon lära mig?” (Suckande avslutning med slutna ögon.)

Det som slog mig då var att det inte bara vad *det* hon sa som gav mig en dålig magkänsla utan också *hur* hon sa det. Och det är där retoriken kommer in i bilden. För mig som retorikkonsult så var det enkelt att sätta fingret på det subtila i situationen: hon blundade när hon pratade med mig. Har du kanske träffat sådana som blundar när de pratar med dig, eller ännu värre, tittar åt ett helt annat håll? De subtila härskarteknikerna kan sitta i kroppsspråk, tonfall, tystnad, ja listan kan göras lång. För någon som inte är van kan det vara svårt att peka ut var härskartekniken gömmer sig. Du kanske känner igen dig?

Har du lämnat ett sammanhang med ett missnöje som du inte kan sätta fingret på? Har du deltagit i ett gruppsamtal där du inte känt dig sedd? Då har du med största sannolikhet blivit härskad över. Det är aldrig trevligt därför att du görs mindre än vad du är och det är svårt att säga exakt varför. Det kan vara att du varit utsatt för en subtil härskarteknik på jobbet och så kan du inte komma på vad det var förrän du är på väg hem. Vad händer? Du tar inte konflikten för tidpunkten har passerat och dessutom kan man ju inte prata om folks tonfall eller ansiktsuttryck? Eller? Det är klart att man kan, men det gäller att man gör det på ett bra sätt. En del av problematiken bakom det som gör att folk inte vill hantera härskartekniker är att de tycker att ”bäst-före-datumet” för när man ska ta konflikten har gått ut. ”Det hände trots allt igår och nu är det en ny dag.” Men en sak ska du veta – det är inte en ny dag om du fortfarande störs av det som hände och om det fortfarande tar energi. Det finns de som har tagit konflikter efter tio år så du kan gott ta din efter en vecka, skillnaden är att du kommer ha verktyg att göra det.

Hur gjorde jag då med denna blundande härskare?

Hon sa sin mening med en arrogans som gjorde publiken ganska obekväm. En ansedd kvinna från SVT hade gett sig på en ung tjej. "Stackars tjej." Jag tyckte ändå att hennes fråga hade relevans så jag valde att svara på den. "Hade jag ställt mig här med titeln livserfarenhetskonsult så hade min ålder inte gett mycket tyngd till ämnet. Men jag är inte här för att prata om livserfarenhet, något jag ser att du har gott om, utan om retorik. Det är skillnad. Jag ser ingen motsättning i ung *och* kompetent, men självklart ökar livserfarenheten sannolikheten."

Kvinnan blev skitförbannad och pratade inte mer med mig. Jag tänkte inte på det då, men att jag sa att jag *såg* att hon hade gott om livserfarenhet är en indikation på att hon ser äldre ut. Utifrån denna händelse kände jag att det behövdes en retorisk aspekt på härskarteknik – oavsett om härskaren är man eller kvinna. Den aspekten håller du i handen nu. Händelsen gjorde mig också medveten om det bittra faktum att kvinnor inte alltid är offer.

En annan sak som jag upptäckte var att de flesta härskare inte är medvetna om vad de gör. Länge har man betraktat förtryckaren som högst medveten om sina härskartekniker. Min tes är däremot att majoriteten av dem som använder härskartekniker är omedvetna om det. De har inte full koll på signalerna som de sänder ut genom tal, ton och kroppsspråk. Känner härskaren inte till sina tendenser så behöver du varken attackera eller försvara.

Du kan helt enkelt förklara för förtryckaren vad du ser utan att värdera det: spegla situationen, berätta vad du ser. Det handlar om att neutralt "lyfta upp" det härskaren har sagt som gav dig dåliga vibbar och fråga vad han eller hon tänkte med det.

Låt oss stanna till en stund vid just *omedveten* härskare. Många är vi som kan minnas de gånger vi känt att vi tryckts ner i skorna, och listan av härskartekniker kan göras lång. Men kan vi minnas de gånger då *vi* har tryckt ner någon? Vi som påstår oss vara offer för härskartekniker, hur säkra kan vi vara på att vi aldrig utsätter någon annan för samma sak? Om de flesta härskare är omedvetna så är sannolikheten stor att vi, utan vår vetskap, placeras tillsammans med härskarna av andra. Står majoriteten av Sveriges befolkning under titeln "härskare" utan att veta om det? Är kvinnor där sida vid sida med män?

Då jag först skrev boken, 2007, hade jag aldrig anat att behovet av den var så stort. Många konflikträdda låter konflikterna ta tid och energi genom att helt "enkelt" inte ta dem, och det ironiska i det är att tar du inte en konflikt så bevarar du den. Det är mycket som har hänt sedan dess. Jag har tack vare er läsare fått fler exempel och mer önskemål till boken. De senaste fyra åren har jag samlat ihop material, och jag kan konstatera att det inte bara är en ny handbok om härskartekniker – den är också mycket bättre. I den här boken har det, tack vare er läsare, tillkommit en härskarteknik – martyrmetoden. Ett par andra nya kapitel handlar om hur du tar och gör konfrontationer. Och utöver det har jag proppat boken full med retoriska verktyg för att hantera besvärliga personer och situationer effektivt. Du kommer lära dig att det finns sätt att inte bara hantera det som sägs i ord utan också i tonfall, tystnad, kroppsspråk och mycket annat. Här får du verktyg till det som kommer att hjälpa dig att hantera olika härskartekniker utan att framstå som vare sig arg eller förtvivlad. Jag delar med mig av det som har hjälpt mig att hålla mig cool, trots att jag ibland haft svårt att hålla ilskan tillbaka.

Du kommer att få exempel på olika härskarsituationer och förslag på hur du kan hantera dem på egen hand. Har du ambitionen att sätta fingret på härskartekniker så kommer du att uppnå det. Men bli inte förvånad om det kommer tillfällen då fingret pekar på dig själv.

Tack för alla era bidrag, feedback och nya exempel. Det har gjort boken mer värdefull för dina besvärliga situationer. Så, bevara inte konflikten – ta den snyggt.

Go get'em!

Elaine Eksvärd
Stockholm, augusti 2011

Vissa personer som delar med sig av sina berättelser har valt att framträda under fingerat namn.

1

PROJICERINGSMETODEN

"Måste du låta så arg?"

Jag hade en diskussion med min kille om saker han gjorde som fick mig att bli ledsen. När jag pratade om det blev jag väldigt känslosam och upprörd. Han blev också ledsen, men av andra skäl. "Jag tycker inte om hur du pratar med mig. Du låter så himla sträng", sa han bedrövat, och det gjorde mig oroad. Jag älskar min kille och ville verkligen inte såra honom. "Det är inte meningen att låta sträng", förklarade jag och hela samtalet slutade handla om min sorg. Det blev istället en lång diskussion om mitt tonläge och slutade med att jag bad om ursäkt, när det från början var jag som hade varit ledsen. Jag gick ur samtalet tyngre än när jag påbörjade det.

MINNA

Först och främst vill jag presentera projiceringshärskaren för dig. Du har säkert träffat den här personen förut. Hon som är riktigt usel på att ta kritik eller mindre angenäm information. Du har äntligen tagit dig modet att ta upp något som du tycker har varit jobbigt på jobbet eller i något annat sammanhang, men på något "magiskt" sätt så lyckas personen få dig att lämna samtalet med känslan av att allt egentligen är ditt eget fel. Känner du igen det? En tråkig sak jag har kunnat konstatera är att projiceringsmetoden förekommer väldigt ofta i förhållanden.

Det är som att man alltid har ett försvarstal eller guilt-trip i bakfickan när ens partner vill lätta hjärtat och berätta vad hon tycker är fel.

Minna hade ambitionen att lätta sitt hjärta, men gick istället tyngre ur samtalet. Hennes kille kommenterade aldrig hennes sorg utan sa direkt att han också var ledsen. Med andra ord tog han aldrig emot det som Minna ville dela med honom, utan fyllde henne istället med sina känslor. Eftersom Minna tog emot hans känslor och dessutom bad om ursäkt är det inte konstigt att hon kände sig tyngre än före samtalet. Jämvikten kom aldrig på plats och de riskerar att hamna i en projiceringsspiral där de börjar bråka men inte riktigt minns vad det handlade om från början. Varför? Jo, för att det blir en indirekt tävlan om vem som har mest rätt att vara ledsen eller arg. Någon i paret drar upp det berömda *misstagsarkivet*. Vad är det? Du har nog dragit upp det själv en och annan gång. Din partner ger dig kritik för det du gjorde förra veckan. Då får du en omedveten snilleblixt och säger ”jamen älskling, du gjorde exakt samma sak för tre månader sedan”. Vad händer då? Jo, din partner hoppar in i flockbeteendet och drar upp ditt misstagsarkiv, söker och finner ”ja men du ska inte säga något för *du* gjorde en värre sak 1997!”. Och så är projiceringskarusellen igång. Ni börjar bråka, men om vad minns ni snart inte. Att ha den här ”vem-är-värst”-tävlingen i förhållanden är inte bra – för egentligen spelar ni i samma lag. Om min man Gustav skulle bete sig mer som en skithög än jag så vinner inte jag på det – tvärtom. Lika lite som två fotbollsspelare i samma lag vinner på att en av dem spelar sämre. Så någonstans har Minnas pojkvän tappat lagandan i relationen och tror att det handlar om vem det är mest synd om.

Det är helt naturligt att man blir ledsen när man har sårat någon djupt. Ofta blir känslorna överväldigande när man inser vad man ställt till med. Den spontana reaktionen blir många gånger att man vill försvara sig, förklara att det inte var meningen. Men känslorna får aldrig överskugga det som gjorde att samtalet inleddes. Skriker personen ut sina känslor kan det vara svårt att lyssna. Men därmed inte sagt att man ska gå in i en lång diskussion om "att skrika eller inte skrika". Lura inte in någon i den fällan för att slippa ta ansvar för det du gjort. Väljer jag istället att lyssna först, så är det i sig en stor kärlekshandling. Det kan vara svårt i ögonblicket när känslorna svämmar över och hjärtat värker. Martyrskap är betydligt enklare än hjältemod. Men försök att vara en hjälte och lyssna.

Vad kunde Minna ha gjort istället?

Man kan bara göra en sak i taget. Eftersom Minna var modig nog att ta upp det som sårar henne så kan hennes pojkvän ha modet att ta emot det hon säger.

POJKVÄNNEN: "Jag tycker inte om hur du pratar med mig. Du låter så himla sträng."

MINNA: "Vi kan prata om mitt tonläge sen, men först vill jag höra vad du tycker om det jag sa."

Alternativt:

MINNA: "Kritisera inte mitt tonläge nu, utan lyssna på vad jag säger istället. Gör du det så kommer jag i alla fall inte låta värre."

TIPS TILL MINNA Du vill inte såra din kille. Men världen går inte under om han får respons på sina synpunkter efter att han besvarat dina frågor. Syftet är inte att vinna en argumentation utan att undvika den olyckliga projiceringsspiralen ”du-sårar-mig-nej-*du*-sårar-mig”, vilket kan sluta med en bisarr tävling om vem som mår sämst där ”segern” blir en tyst och betydligt mer ledsen partner. En sak i taget, din först.

TIPS TILL "TONFALLSANALYTIKERN" Ta emot Minnas känslor. Sedan kan du dela med dig av dina. Det är ingen god idé att proppa henne full med känslor utan att öppna dig själv för hennes. Hon kommer att bli sprickfärdig av sorgen som hon hade redan när hon började samtalet.

Har du svårt att lyssna när någon skriker så betona att du verkligen vill lyssna på det hon säger, men önskar att ni inte skriker till varandra. Det är betydligt lättare att sluta skrika åt någon som säger att han *vill* lyssna. Det är ju många gånger därför vi skriker, för att banka in budskapet i ett huvud som vi tror inte vill ha det. Ett verktyg för att hantera sådana här situationer är att försöka uppnå rapport. Rapport (uttalas rappår) är ett utmärkt sätt att få folk att känna att du förstår. Det handlar helt enkelt om att du speglar kroppsspråket hos den du pratar med. Om Minna ser bekymrad ut när hon kritiserar dig så se bekymrad ut du med. Då kommer hon känna att du tagit in hennes budskap. Låter hon upprörd så låt upprörd du med medan du säger ”jag förstår att du är upprörd”. Hon kommer genast lugna ner sig eftersom hon kommer känna att det inte kräver något större utspel för att få dig att lyssna.

Hur är lagandan i ditt förhållande eller i din familj?

Har du hamnat i ett förhållande där din partner har tappat lagandan och hela tiden vill "vinna" över dig så är det viktigt att betona att ni spelar i samma lag, ni är ett team. Är du den som har tappat lagandan så vill jag säga: Släpp prestigen! Målet är inte att du eller din partner ska få rätt, målet är att *det* ska bli rätt. Och då är det bra att överge stoltheten och framför allt tävlingsinstinkten mot din partner. Om ni siktar in er på att vinna över varandra så kommer ert förhållande aldrig vinna. Kort och gott: Ni är ett team, även när någon av er har gjort fel.

"Det är tråkigt att du tar det så"

Vi hade personalmöte i skolan där jag arbetade. I en kvinnodominerad arbetsmiljö kände jag att jag som man inte togs på allvar. När jag började prata såg jag att blickarna talade med varandra och över mig, men bara när *jag* pratade. I början antog jag att det var viktiga meddelanden som mina arbetskamrater behövde delge varandra just då. Min optimistiska sida gav mig nomineringen "omedveten idékläckare". Men efter upprepade möten märkte jag ett mönster – stämningen ändrades så fort jag öppnade munnen. Jag beslöt mig för att göra något åt det. "Så fort jag pratar blir det tyst och ni ger varandra märkliga blickar", sa jag en dag. Tystnad och fler blickar utbyttes. "Som dem ni ger varandra nu." Mer tystnad. "Vi sitter och diskuterar mobbning hos eleverna, men själva bedriver ni mobbning i lärarrummet."

Rektorn, som var samtalsledare, lät sin blick lämna de andras och till slut möta min. Med en suck lutade hon sig framåt i pedagogisk anda. "Det är ju tråkigt att du tar det så och dessutom anklagar dina kollegor för mobbning. Det är riktigt lågt. Du måste förstå att vi blir chockade av dina påhopp." Tystnad.

ANDERS

Härskarteknik används av kvinnor och män, mot kvinnor och män. Den används medvetet men oftast omedvetet. Är tekniken medveten så finns det ett konkret syfte att göra någon i samtalet eller sällskapet mindre än hon eller han är. Är tekniken omedveten är resultatet exakt detsamma: någon görs mindre. Men förövaren vet inte att den tryckta stämningen beror på henne. Som till exempel rektorn på skolan. Kanske var hennes syfte att lösa stämningsproblematiken genom att låta Anders, som klagat på stämningen, också få ansvaret för den. Men nu ska vi inte hamna i den "psykologiska fällan". Vad menar jag med det? Jo, den fälla som många hamnar i, nämligen att försöka förstå *varför* personer beter sig illa istället för att dra en gräns. Men, kanske du tänker, är det ändå inte bra att känna till den bakomliggande orsaken till härskarteknikerna? Det må vara hänt, svarar jag. Men jag är retorikkonsult inte psykolog – jag gräver i folks uttryck, inte psyken. När jag tänker närmare på det så är hela förståelsemönstret rätt galet. Mobbare får stanna kvar i skolor och de som blir mobbade får ofta flytta. Jag blev själv mobbad under mellanstadiet och lärarnas förklaring till mig och andra som blev utsatta var att mobbaren "har det svårt hemma, förstår ni". Men det hjälpte varken oss eller mobbaren. Elev efter elev bytte skola för att lärarna valde att *förstå* bakomliggande orsaker till idioti istället för att dra tydliga gränser. Så några orsaker till härskartekniker kommer vi inte kika på här och mitt råd till dig är att du inte gör det heller. Hitta inte förklaringar utan låt härskaren förklara själv. Så från rektorns till Anders perspektiv.

Anders berättade att han upplevde att stämningen ändrades så fort han pratade. Han kände sig inte sedd. Blickarna var överallt utom på honom. Och när han berättade att han kände sig osedd mötte rektorn, nummer ett i hierarkin i rummet, hans blick. Hon varken lyfte upp problemet eller gav en förklaring till det han upplevde. Istället tog hon problemet och la det hos honom. Svaret blev: ”Det är ju tråkigt att du tar det så.”

Ordet ”kritik” kanske inte får dig att jubla, men hur klyschigt det än låter så är det utvecklande. Tänk om rektorn hade samma attityd om hon jobbade i till exempel restaurangbranschen. Du råkar vara gäst där och har fått en maträtt som inte smakar så bra.

DU: ”Den här rätten smakade lite konstigt.”
HON HIMLAR MED ÖGONEN: ”Jaha?”
DU: ”Ja, jag tror inte jag kan äta upp den.”
HON: ”Du, ingen annan här verkar ha problem med maträtten så du kanske ska gå och kolla dina smaklökar?”

Hade du gått tillbaka till den restaurangen? Förmodligen inte.

Det är svårt att vara kommersiellt gångbar om man underskattar vikten av andras upplevelser. Att istället fråga ”vad var det som var dåligt med maten?” ger en möjlighet att förbättra den. Man undviker också dåligt rykte – något som projiceringshärskare i nio fall av tio har. Kan du inte ta kritik så kan jag garantera att det pratas skit om dig. På personalmötet hade rektorn kunnat skanna av rummet på dåliga medarbetare eller låt oss kalla dem motarbetare, och låtit härskarna ansvara för problemet. Kanske skulle härskarna ha varit omedvetna, haft en förklaring till sin bristande uppmärksamhet eller bett om ursäkt. Det hade varit ett effektivt sätt att återupprätta jämställdheten och samtidigt få ett mer framgångsrikt arbetsklimat och en mer lyckad rektor.

Vad kunde Anders ha gjort istället?

Problemet med Anders approach var att han värderade tystnaden istället för att neutralt lyfta upp den. Han blandade in sina förmodanden om tystnaden vilket gjorde att det skapades en stämning av att någon skulle ha skulden till mobbningen. Anders påstod att lärarna bedrev mobbning när de gav honom tystnad som svar på hans ifrågasättande. Därmed gick han in i konflikten som en "mindre" person i sammanhanget, i alla fall känslomässigt eftersom det förmodligen var svårt för honom att säga. Det är visserligen modigt att ta en konflikt, speciellt om förutsättningarna är att man går in i försvar eller attack – valet är Anders. Men den goda nyheten är att han inte ska behöva välja mellan två usla alternativ. Han kan istället lyfta fram det subtila. Det vi såg var ett dåligt scenario, så vi ger ett subtil-lyftande alternativ åt Anders: Allt blir tyst och uppmärksamheten sviktar. Anders ifrågasätter den nya stämningen utan att värdera den: "Vad tyst det blev. Märker ni? Är stämningen annorlunda nu när jag pratar, eller är det bara jag som tycker det?" Här har Anders ställt en öppen fråga och bjudit in dem som tagit avstånd. Han varken attackerar eller intar försvarsställning. Han frågar om stämningen är verklig, men är samtidigt öppen för att han kan ha fel. Det gäller att våga ha modet att låta tystnaden vara där om ingen svarar, tystnad talar så låt den säga sitt. Sannolikheten att någon svarar är större om han ställer en öppen, neutral fråga (speglar situationen) istället för att välja mellan de dåliga alternativen attack eller försvar.

Att spegla situationen innebär att du lyfter fram det subtila. Att uppmärksamma det som alla ser och märker av, men alltför sällan väljer att kommentera. Det krävs övning att göra det, vilket egentligen är lite märkligt. Märkligt för att det mesta vi kommunicerar inte kommer via ordet utan via kroppsspråk, röstläge och ibland tystnad, ändå är det sällan något vi sätter fingret på. Säger du till exempel ”hur mår du?” på tio olika sätt så kan det betyda tio olika saker, tonläget avslöjar vad du verkligen menar. Det kan låta ironiskt, besvärat, djupt, välmenande ... Låt oss säga att rektorn frågade Anders: ”Ja, och hur mår du?” Då skulle det subtila kunna vara hennes tonläge. Om hon skulle låta ironisk krävs det inget geni för att registrera det. Men däremot krävs det övning för att sätta fingret på det i stundens hetta.

Kanske registrerar Anders ironin och frågar: ”Vad menar du?”

Rektorn: ”Anders, är du inte lite paranoid? Jag frågade bara hur du mår.”

Visserligen sa hon rent bokstavligt ”ja, och hur mår du”, men vi pratar inte primärt bokstavligt. Röstläge och kroppsspråk är det vi registrerar först, det som förstärker eller försvagar det vi säger. *Hur* vi säger något är mycket större än *vad* vi säger. Så att säga ”jag sa inte det” betyder egentligen ”jag sa det inte med ord, röstläge eller kroppsspråk”. Det är många signaler att behärska, så frågan till ett sådant påstående blir: ”Är du säker?”

Hur hanterar man då ett subtilt tonläge utan att låta ironisk tillbaka? Jämför följande varianter.

Dåligt scenario:

REKTORN: ”Ja, och hur mår du?”

ANDERS: ”Vad menar du?”

REKTORN: ”Anders, är du inte lite paranoid? Jag frågade bara hur du mår.”

ANDERS: ”...”

Ett subtillyftande alternativ:

REKTORN: ”Ja, och hur mår du?”

ANDERS: ”Är det en ironisk fråga?”

REKTORN: ”Anders, är du inte lite paranoid? Jag frågade bara hur du mår.”

ANDERS: ”Ja, men din *röst lät* tveksam så jag ville bara dubbelkolla om du menade det. Jag mår bra, tackar som frågar.”

Nästa gång vet rektorn att Anders har uppmärksammat hennes tonläge. Han har lyft fram det subtila och det blir inte en lika självklar teknik att använda omedvetet eftersom han gjorde att utövaren blev medveten om det.

Vad kunde rektorn ha gjort istället?

Rektorn är urtypen för projiceringshärskaren. Man kan tycka synd om Anders, men samtidigt är rektorn en person som många pratar illa om eftersom hon är så dålig på att ta kritik. Sedan ägnar hon sig åt något som är väldigt farligt – hon löser inte problem utan ägnar sig åt att hitta personen som kan bära hundhuvudet.

En kund berättade för mig att i Kina är arbetskulturen sådan att man inte ägnar sig åt att hitta boven till problem som uppstår utan istället försöker de lösa problemen – tillsammans. Sammanhållningen är viktig. Så istället för att peka på personer kan man peka på fenomen som bristande uppmärksamhet under möten – det skulle rektorn ha gjort. Tyvärr hade hon del i skulden. Eftersom uppmärksamheten inte längre fanns där när Anders öppnade munnen är sannolikheten stor att rektorn hade ett finger med i spelet. Dels på grund av hennes position på arbetsplatsen, dels för att hennes uppgift i samma att agera samtalsledare. Beroende på hur mycket uppmärksamhet hon visar Anders ger hon också indirekt förslag på hur de andra ska lyssna. Genom sitt agerande visar hon vägen. Har hon lyssnat intresserat på alla utom Anders så har hon indirekt bidragit till den sviktande uppmärksamheten när just han pratar. Medvetet eller omedvetet har hon medverkat till det som rubbat medarbetarskapet och skapat en arbetskultur av motarbetare genom att hävda att en person är mindre intressant än de andra. Personligen känner jag för att träffa rektorn och säga: ”Kära rektor, om du är lagkapten för ett fotbollslag så vill du väl inte att lagspelarna sparkar på varandra, utan på bollen? Gör så att ni får lite lagkänsla på jobbet! Du har inte råd med självmål eller motarbetare.”

TIPS TILL ANDERS Utgå från att utövarna inte vet vad de gör. Attackera inte. Försvara inte. Dra inte slutsatsen själv. Låt dem som är med på mötet göra det åt dig genom att uppmärksamma det som är uppenbart, till exempel att andra börjar prata medan du håller på att berätta något. Kanske är det något intressant de pratar om? Fråga utan att ge känslan av att du är hotad, snarare nyfiken.

TIPS TILL ”MOBBNINGSREKTOR” Lyssna när andra pratar. Att till exempel titta på klockan signalerar att du tycker det är tråkigt. Hur ofta tittar du på klockan när du gör något roligt? Kanske någon gång, men inte lika ofta som när det är trist. Det syns och det känns. Nästa gång du kollar på klockan så gör det med vetskap om att du skickar de här signalerna. Om du verkligen måste veta vad klockan är, fast du inte alls är uttråkad: gör det diskret.

Säg aldrig: "Det är tråkigt att du tar det så." Du tar udden av en annans högst verkliga upplevelser och känslor. Du kanske verkligen tycker det är tråkigt att personen du pratar med tar det du sa på ett visst sätt, när du menade något helt annat. Men när du säger att "det är tråkigt att du tar det så" låter det som om personen ifråga har gjort ett *aktivt val* att ta det på sitt sätt, när det egentligen är en reaktion på det du sa. Reaktioner kommer – vi väljer dem inte. Är du ledsen för att du orsakade sårade känslor så säg istället: "Jag är ledsen för att jag gjorde dig ledsen. Det var inte min mening."

Nästa version av projiceringshärskaren gränsar lite till martyrskaparen. Säg att du har en ohållbar situation på jobbet och så säger chefen i princip "det har alla så håll tyst och jobba på". Då måste jag ta till det så klyschiga men sanna uttrycket: "Två fel gör det inte rätt." Och det skulle rektorn du nu ska få träffa ha stor nytta av att inse.

"Ditt problem är ditt problem"

På ett möte i min skola diskuterade vi diverse frågor, jag och mina kollegor i smågrupper. Alla kom överens om att det var svårt att hinna vara ute i korridorerna mellan lektionerna, förutom när man hade rastvakt. När vi senare samlades allihop tillsammans med vår kvinnliga rektor sa ingen något om vad vi hade diskuterat (att ingen hann gå ut i korridorerna mellan lektionerna). Eftersom vår rektor gärna ville att vi skulle röra oss mycket ute bland eleverna på rasterna antar jag att ingen vågade säga att det var ett problem på grund av att vi helt enkelt inte hade tid. Jag förstod inte denna rädsla i början, att inte våga säga vad man tycker, så jag tog upp att vi hade diskuterat saken och att jag personligen hade svårt att se hur jag skulle hinna vistas mer ute i korridorerna. Hon frågade direkt vad problemet var och jag svarade att min arbetsbörda var stor och att jag inte hann göra detta mellan mina lektioner, då man också ska ringa föräldrasamtal, hinna fylla i frånvaro, planera lektioner, rätta och så vidare. Detta hade hon ingen förståelse för och hennes svar var: "Men det är ett aktivt val som du gör, personligen så är jag i skolan för elevernas skull, mejlar och ringer samtal gör jag på kvällar och nätter."

Efter detta något irriterade och kyliga svar var diskussionen slut. Överkörd? Ja, jag kände mig rätt dum efter det, men också väldigt irriterad.

ELIN

Elins chef menar att Elins problem är självförvållade. Chefens beteende är ett sätt att blunda för problem och skylla dem på personalen. Det gör också att hon långsiktigt slipper ta itu med problemen, för varje person som klagar får problemet kastat tillbaka på sig. Ingen vill framföra klagomål om svaret alltid blir "det är ett val du gör".

Elin fick också svar på frågan varför diskussionen om hanteringen av eleverna på rasterna blev tyst när rektorn väl var där. Men kanske skulle hon ha tagit upp problemet på ett annat sätt?

Vad kunde Elin ha gjort istället?

Rektorn föreslår något som inte är rimligt, nämligen att Elin ska jobba på kvällar och nätter. Står det inte i en arbetsbeskrivning eller ett kontrakt så är det viktigt att Elin inte låter det passera obemärkt.

Helt okej scenario:

Elin: "Jag känner inte att jag har tid att kolla eleverna på rasterna eftersom det är så mycket att göra då."

REKTORN: "Men det är ett aktivt val som du gör, personligen så är jag i skolan för elevernas skull, mejlar och ringer samtal gör jag på kvällar och nätter."

ELIN: "Jag upplever inte att jag har något val, men du föreslår att jag ska jobba på kvällar och nätter?"

Det här är ett hyfsat alternativ till det Elin sa innan. Men fällan kan bli det första Elin sa, nämligen " *jag* känner", vilket gör att rektorn bara behöver attackera en person istället för flera. Om hon ändrar den meningen och ifrågasätter förslaget med ett "vi" så blir det svårare för rektorn att undvika problematiken.

Speglande scenario:

Rektorn kommer in i samtalsgruppen. Elin tar till orda: "Vi har pratat om det här med att kolla eleverna på rasterna. Det är så mycket att göra på rasterna så vi ser problem i att hinna göra det." Medan Elin säger detta tittar hon frågande på övrig personal och inbjuder därmed i sitt kroppsspråk till dem att när som helst komma med invändningar. När ingen gör det avslutar hon meningen med att titta menande på rektorn. Då förstår rektorn att Elin inte bara talar för sig själv utan för hela gruppen. Skulle rektorn mot förmodan säga: "Det är ett aktivt val som du gör, personligen så är jag i skolan för elevernas skull. Mejlar och ringer samtal gör jag på kvällar och nätter", kan Elin använda strategiskt betoning. Strategisk betoning är en retorisk strategi jag brukar ge kunder när de vill banka in vissa budskap hos dem som lyssnar. Det gör man helt enkelt genom att ge extra tyngd i betoningen på de ord som du vill ska uppmärksammas. I Elins fall ska hon betona "vi": "*Vi* tyckte inte att *vi* hade några alternativ. Men *du* föreslår att *vi* ska jobba på kvällar och nätter?" Det rektorn föreslår rör nämligen inte bara Elin utan samtliga i personalen. Eftersom de är där kan Elin undvika det personliga påhoppet som rektorn gjort och lyfta fram vad det egentligen är – ett påhopp på samtliga, vilket är svårare för rektorn att stå för. Det gör även att det är större sannolikhet att någon mer än Elin säger något. Det är därför av stor vikt att man i Elins situation byter ut alla "jag" till "vi" och klämmer in en strategisk betoning av "du" så rektorn förstår att hon står själv med sin åsikt.

TIPS TILL ELIN Föreslår härskaren att du ska göra något utöver det som står i din arbetsbeskrivning så ifrågasätt det och hänvisa till din arbetsbeskrivning. Sök även argument för hur det inte bara missgynnar dig utan också de andra. Ett enkelt knep är att ta bort "jag", "vi" och alla personer från problemet som du vill ta upp. Gör du problemet fristående från personer blir det objektivt och tillgängligt för alla eftersom det är *ett* problem. Men framför allt ska du undvika fällan som rektorn gillrade åt dig, nämligen "alla har det problemet". Låt dig inte luras av det utan svara helt enkelt: "Jag ser det, och det är *ett* problem som vi bör lösa. För jag tror att både du, jag och resten av oss tycker det är ohållbart att jobba på nätterna då de flesta sover. Inte sant? Så hur gör vi?"

TIPS TILL "NATTSKIFTSREKTOR" Hur ser det ut under din vardagsrumsmatta? Att sopa undan problem skapar bara större problem. Ta en dammråtta i taget. Att upplysa dig om ett problem är inte ett personligt påhopp på dig, utan det är en väg till att hitta en gemensam lösning. Så ta det inte personligt, ta det professionellt! Försök inte hitta någon att skuldbelägga, hitta en lösning tillsammans med dina medarbetare. Du har ju anställt dem, så de kan säkert komma med goda förslag som gör att du och de slipper jobba natt.

Genomskåda "vi är många som tycker" eller "så här är det"

Nu kliver jag över på andra sidan för att du ska kunna genomskåda dem som använder ”vi” och ”så här är det” för att lura dig. Det är viktigt att de inte kommer undan. Det finns de som använder popularitetsargument för att tysta personer. Säg att du har ett problem på jobbet som du vill lösa och så säger härskaren: ”Vi är många som tycker att du är väldigt negativ.” Då ska du våga fråga exakt vilka ”vi” det är härskaren menar. Säger han att det inte spelar någon roll så ska du säga ”bra, det spelar ingen roll för mig heller för jag vill prata om det här problemet”. En projiceringshärskare vill att du ska tappa fokus på det problem du tog upp och istället börja bejaka dina egna problem. Där ska du konsekvent gå tillbaka till det du sa från början, låt inte projiceringen få dig att tappa fokus. Härskaren kan också prata som om han ägde sanningen och därmed uttrycka sig objektivt i termer av ”så här är det”. Det är för att dölja att det inte alls är hur något är utan vad han tycker. Ta dig modet och säg: ”Är det så det är eller är det så du tycker?” För att slippa tjafs kan du helt enkelt säga ”jag hör din åsikt men tillbaka till problemet”. Då har du tagit udden av hans ambition att verka allvetande – du vet att så är inte fallet.

En läsares välformulerade definition av projiceringsmetoden:

”Det verkar känsligt för dig” eller ”ja, jag vet att det där är väldigt känsligt för dig”, säger projiceringshärskaren i ett vänligt, omsorgsfullt men lite förminskande tonfall när någon framför en tydlig åsikt eller reaktion där han blir upprörd. Härskaren signalerar här också att han inte riktigt tar det som en välgrundad åsikt, utan reducerar detta till något personligt hos den som framför det. Han förminskar både åsikten och personen, skjuter den lite ifrån sig så att man inte behöver ta in den, ett omedvetet försök att minska substansen i den andres åsikter eller reaktioner och att själv få ett litet övertag. Ofta har attityden inslag av välvilja, men lite ”klapp på axeln”. Härskaren tar inte in att personen faktiskt framför en välgrundad, adekvat åsikt eller reaktion och är på samma mentala nivå som härskaren själv. Han ”definierar ner” både åsikten och den som framför den. Det förvärras om han betonar att dennes personliga upplevelser självklart ska respekteras, då man likafullt inte tar in det välgrundade och sakliga utan fortsätter att hänföra det till något personligt hos den som förmedlar åsikten eller reaktionen, ungefär: ”Ja, det blir så för dig.”

PER JOEL ZANDER, JOBBAR IDEELLT FÖR MANSJOUREN

Så hanterar du projiceringshärskaren

Projiceringshärskaren försöker alltid ta fokus från det problem du tar upp och gör det till ett problem du själv har. Det du ska göra är att konsekvent dra tillbaka fokus till det du sa från början. Hon kommer dra upp dina känslor, din attityd, andras åsikter, misstagsarkivet, ja allt du kan tänka dig. Se till att ha fokus på det du sa från början.

DU: ”Det som hände förra veckan gick inget vidare.”
PROJICERINGSHÄRSKAREN: ”Är du inte lite känslig?”
DU: ”Nej, det har inte med mina känslor att göra utan det som hände förra veckan. Låt oss prata om det.”

DU: ”Det som hände förra veckan gick inget vidare.”
PROJICERINGSHÄRSKAREN: ”Ja, men du gjorde en dålig grej för tre veckor sedan.”
DU: ”Det må vara hänt, bra att du säger det. Men tillbaka till förra veckan först så kan vi gå in på det du nämnde sedan, allt ska ju trots allt lösas.”

DU: ”Det som hände förra veckan gick inget vidare.”
PROJICERINGSHÄRSKAREN: ”Det är väldigt många som tycker du är negativ.”
DU: ”Då får ’väldigt många’ ta det med mig direkt, tillbaka till det som hände förra veckan.”

Skulle projiceringshärskaren ändå inte ge sig så får du sätta fingret på problemet genom att peka på fenomenet.

DU: ”Det som hände förra veckan gick inget vidare.”
PROJICERINGSHÄRSKAREN: ”Ja, men du är ju inte perfekt.”
DU: ”Det har jag aldrig påstått. Men vet du vad jag har märkt. Varje gång som jag tar upp ett problem så hittar du andra problem med *mig*. Jag tycker att istället för att försöka lista vem som har mest problem så kan vi väl lösa problemet tillsammans? Jag tar inte upp det här för att klanka ner på dig utan för att lösa problemet.”

Gör du så här så kommer ingen projiceringshärskare undan. Hon får helt enkelt lära sig att ta kritik proffsigt. Det finns dock en projiceringshärskare som jag inte kan hjälpa dig med. Den som ligger längst ut på projiceringsskalan – narcissisten. Då har jag bara ett retoriskt råd till dig – ta ditt kroppsspråk och spring därifrån. Det är ingen mening med att försöka använda retoriken för att få narcissister att förstå dig. De är programmerade till att i alla lägen förstå en enda person – sig själva. Narcissister är inte ett fall för retoriker utan för psykologer.

Därför förlorar du på att utöva projiceringsmetoden

Kan du inte ta kritik så kommer den kritiken att gå någon annanstans. De som inte kan ta kritik kan räkna med att det snackas skit om dem. Tänk på att kritik riktad till dig skadar dig inte, möjligtvis blir ditt ego sårat för tillfället. Men kritik *om* dig till andra skadar dig däremot. Det är det som händer när du tynger en person som tagit sig modet att prata direkt till dig. Han kommer prata med andra för att se att han inte är helt ute och cyklar angående det du fick honom att känna. Gör dig själv en tjänst och lyssna, så att andra inte behöver bilda sig negativa uppfattningar om dig. Du kan till och med gå så långt att få bort nuvarande eller framtida skitsnack genom att be dina vänner, medarbetare och familjemedlemmar om lite kritik som hamnar i tryggt förvar – hos dig. Att ta emot känslor och reaktioner är ett bra sätt att få bort en konflikt snabbt och dessutom slippa skitsnack om dig. Förklara sedan hur du menade, att du inte hade några andra syften och att du ska tänka på det här i fortsättningen. Då är konflikten borta.

Så hanterar du projiceringsmetoden – lär dig spegla situationen

Du har ett enormt försprång med att hantera besvärliga typer när du lär dig att sätta fingret på det som gav dig den dåliga magkänslan. För att bli riktigt bra på det så studera din omgivning i tystnad och grunna för dig själv varför du får en bra eller dålig känsla. Personen kanske hälsade nonchalant, flackade med blicken? Skälen till att känna på olika sätt är många, se till att du hittar dem.

För att kunna spegla situationen är det viktigt att du har förmågan att återge vad du har sett eller hört. Tyvärr är vi mer tränade på att återge det som är sagt i ord, men inte lika bra på att återge *hur* de har sagt det och det är det som jag kallar den subtila kommunikationen.

Du läser av det subtila varje dag, omedvetet. Utifrån det väcks känslor och du drar slutsatser om din omgivning. Känslan som kommer från den korta analysen är oftast av större värde än viljan att grunda varför man känner så. I alla fall känns det många gånger så.

”Jag gillar inte henne.”

”Varför?”

”Jag vet inte, jag får bara en dålig magkänsla. Förstår du?”

”Ja, jag fattar.”

Jag försökte sätta fingret på det subtila under tiden som jag läste vid universitetet. På min retorikkurs fanns en kille som jag irriterade mig något förfärligt på. Eftersom vi fick öva oss i att studera goda och dåliga talare blev han i hemlighet mitt studieobjekt för dåliga talare. Jag lyssnade på *vad* han sa, men det fanns inget jobbigt i det. Jag kom fram till att det subtila som retade mig var hans nasala och ibland gälla röst – den blev min huvudvärk. Att han dessutom ofta avslutade meningarna med höga nervösa skratt gjorde mig bara så illa till mods. En harmlös men irriterande kille, och nu hade jag lyft fram det subtila som jag inte gillade hos honom.

”Hej Elaine”, hojtade han nasalt. ”Har du varit på biblioteket?” frågade han och la till ett högt nervöst skratt.

Det subtila ligger främst i hur vi kommunicerar, precis som den här killen. Inget han sa var irriterande, men däremot hur han sa det. Nyckeln till att lyfta fram det subtila är att granska vägen till slutsatsen: jag gillar (eller ogillar) henne. Det krävs övning för det. Titta på programledarna på tv. Studera bra och dåliga talare, socialt kompetenta och inkompetenta personer. Vad är det i det de gör eller säger som får dig att dra slutsatsen bra eller dålig? Skaffa så många argument du kan. Nyckeln till att hitta det subtila är att granska dina värderingar och vad de grundar sig på. På så sätt är du bra nära att nå det som ger kraft till härskartekniker: just det subtila. Med tiden, men framför allt med övning, kommer du att ha lättare att sätta fingret på härskarteknikerna.

Subtila härskartekniker finns även i orden. För att hitta dem behöver man inte en vass tunga, men däremot ett stort öra. Något som politiker sällan använder, för övrigt.

För några veckor sedan fick jag ett exempel på härskarteknik som utövades genom ord. Det skedde i telefon. En retorikerkollega hade fått i uppdrag att hålla en kurs i härskarteknik. Hon ville ha material från boken du nu håller i, innan den kommit ut.

”Tyvärr kan jag inte dela med mig av det. Den är ju inte ute än”, sa jag.

”Jaha. Jag förstår. Men det skulle ju stanna mellan oss”, menade hon.

”Jo, visst. Jag kan berätta, men du får inte använda materialet.”

”Elaine, vi är väl inte konkurrenter, du och jag? Det har vi väl sagt tidigare?”

”Det har inte med vår relation att göra. Det har med min relation till förlaget att göra.”

”Jaha, för jag kommer aldrig att snåla med information till dig.”

”Tycker du att jag är snål?”

”Nej, jag bara berättar.”

”Bra. Jag också. Det har inte med vår relation att göra utan min relation till förlaget. Förstår du?”

”Ja.”

”Bra. Tack för att du förstår.”

Det subtila i den här dialogen var ”snål”. Hon ursäktade sig med att hon bara berättade att hon aldrig skulle snåla. Men i själva verket sa hon indirekt att hon tyckte att jag snålade med information eftersom det var exakt det hon ville ha. I sammanhanget där vi befann oss gav hon mig ett generellt påstående om att hon aldrig skulle snåla, bara för att slippa säga att jag var snål. Ordet "snål" syftade till att ge mig dåligt samvete och ändå lämna information till henne som jag inte fick göra. Jag lät inte ordet "snål" passera, utan plockade upp ordet och frågade om det var en beskrivning av mig. Jag hade kunnat bli upprörd och konflikten hade kunnat bli utdragen. Men jag antog att hon inte förstod att det inte hade med hennes och min relation att göra. Därför betonade jag det för henne igen.

Lyssna till vad som sägs i olika sammanhang. Titta på *hur* det sägs. Och fråga vad han eller hon menar med det som sägs. Det sätter fingret på härskartekniken. Fler subtila exempel följer i nästa kapitel.

2

KOMPLIMANGMETODEN

"Du som är så duktig"

Jag skulle åka till New York på min semester. Innan jag åkte hade jag ett möte med min chef angående jobbsituationen till hösten. Vi pratade om att jag skulle skriva för företagets nya tidning en gång i veckan. Han tyckte det var kul eftersom jag kom med så "lysande" idéer. Han överöste mig med komplimanger när jag delgav honom mina idéer inför hösten. När mötet var slut berättade jag hur mycket jag såg fram emot min semester och resan till New York. En annan person i sammanhanget berättade om det intressanta fenomenet "gangsterflator" som finns där, varpå min chef sa att det skulle bli ett "otroligt bra reportage och fungera perfekt för första numret av tidningen". Han lovprisade mig och reportaget som jag skulle kunna skriva på min semester.

Han lyckades därmed övertyga mig om att jag, på min självbetalda resa till New York och semester, skulle skriva ett reportage om gangsterflatorna. Trots att det vred sig i magen på mig av stress kunde jag inte säga nej. Jag vet inte varför. Jag sa ja, men senare fick en arbetskamrat mig att förstå att det var helt vansinnigt. Jag gick tillbaka till chefen och sa att jag kunde skriva reportaget efter semestern och föreslog att företaget kunde betala min resa. Då ändrade han sig och sa att vi hade skrivit för mycket om New York. När det inte längre var gratis arbetskraft var det heller inte längre intressant.

ADAM

Nu har vi kommit till den charmiga härskaren. Vi ska ta itu med den i tre led. Först bryta ner och se vad komplimangmetoden är – egentligen. Sedan ska vi prata om hur du kan hantera den och till sist öva på hur du ska göra.

Den här ”vänliga” härskartekniken inleds med en eller flera komplimanger men tar inte slut där. Den syftar till att du ska göra något utöver det förväntade, som förslagsvis skulle kunna vara något så enkelt som att säga tack. Den här härskartekniken är lite svår att upptäcka eftersom den dyker upp när du är fylld av välbehag och överöst av komplimanger. Du har precis fått höra en massa bra saker om dig själv och helt plötsligt känner du dig illa till mods. Varför gör du det? Det kanske bara beror på dig och är möjligen något som du inbillar dig. Senare förstår många att de gjort saker som de från början inte ville, men kände sig tvungna till. Varför? För att någon sa snälla saker och det är ju trist om personen får anledning att ändra åsikt om dig.

Då hamnar vi vid kärnan av problemet med komplimangmetoden. Många tror eller känner att om de tackar nej till en uppgift som levereras med en komplimang så förtjänar de inte komplimangen längre. De tror att det innebär att komplimanghärskaren kommer sluta tycka att man är, som i Adams fall, en ”lysande” skribent. Och bara det kan ju vara förödande för Adam, för tänk om chefen korar en annan ”lysande” skribent.

Om det att vara ”lysande” i själva verket är att göra som andra säger, då tycker jag du kan sluta med det. Låt mig bryta upp komplimangmetoden åt dig med ett retoriskt verktyg som heter *syllogism*. Nu får vi nörda ner oss i logiken lite så att du ska förstå. Så här ser syllogismens logik ut:

Premiss:	Alla A är B.
Premiss:	B är C.
Slutsats:	Alltså är alla A också C.

Syllogismen är bra eftersom den hjälper oss att ta fram undermeningarna – det vi känner i magen men inte kan sätta fingret på. Går du med på komplimanghärskarens villkor så går du med på det här:

Den som gör som jag säger är lysande.
Du är lysande.
Alltså gör du vad jag säger.

Frågan är: Vill du verkligen ställa upp på att ditt värde bygger på hur mycket du gör som andra säger?

Jag har en tråkig bekännelse att dela med mig av som en komplimanghärskare gav mig: ”Elaine, jag går inte till dem som är duktigast. Jag går till dem som är snälla och gör exakt det jag ber om.” Så tyvärr alla ja-sägare, så tycker komplimanghärskaren inte ens att du är ”lysande” utan att du är lätt att manipulera. Tack och lov var Adam inte lätt att manipulera, vi går tillbaka till honom.

Vad kunde Adam ha gjort istället?

Adam löste situationen till slut, men på det sätt som det nästan alltid görs med härskartekniker: lite för sent. Han kom på att han hade fått ett uselt förslag långt efter det att härskarscenariot ägt rum. Adam skulle på plats ha frågat sig varför han kände sig stressad och obekväm med situationen. Är hans känslor inte i harmoni med chefens förslag bör han reagera. Känslor ska alltid tas på allvar och ifrågasättas. De är vår kompass och det som definierar oss alla som individer. Varför ska vi förneka oss själva?

Vi såg ett halvbra scenario ovan, men här är ett speglande förslag till Adam:

CHEFEN: ”Du är en fantastisk skribent. Jag ser verkligen fram emot hösten. Tidningen kommer att bli strålande.”

ADAM: ”Vad kul att du känner så. Jag ser också fram emot det.”

CHEFEN: ”Ja, det kommer att ta oss till nya höjder.”

ADAM: ”Det tror jag också!” Tystnad. Det blir läge för nytt samtalsämne.

ADAM: ”Jag ska till New York på min semester. Det ska verkligen bli roligt.”

FÖRBIPASSERANDE: ”Åh, där finns det ’gangsterflator’. Ett nytt fenomen som du borde kolla in.”

CHEFEN (ÖGONEN LYSER): ”Du är en briljant skribent och ett sådant reportage till första numret vore klockrent! Det skulle du kunna skriva när du är i New York!”

ADAM: ”Tack för komplimangen, reportaget skulle säkert bli intressant.”

CHEFEN: ”Ja visst!”

ADAM: ”Du menar att jag ska skriva det på min semester? Tycker du att det är en bra idé?” (Neutral ton i första meningen och nyfiken ton i andra meningen för att undvika dilemmat ”attack eller försvar”.)

Här lyfter Adam fram det underliggande i chefens påstående. Det är en konst att göra det. Han tackar för komplimangen men lyfter upp uppgiften och ifrågasätter den. Adam blir varken förbannad eller värderar påståendet ”jobba på semestern”, utan speglar istället det chefen har sagt och låter honom själv värdera det. När man speglar något som är fult är det ganska svårt för härskaren att linda in det i ett förskönande paket igen.

Vad kunde chefen ha gjort istället?

Komplimanger och uppmuntran är aldrig fel. Det är många chefer som ger sådana och jag tycker definitivt att de ska fortsätta. Det som gör att de blir omedvetna härskare är två saker: Den anställda kan inte säga ”tack” och låta det stanna vid det. Och cheferna definierar det arbete som sedan blir övertid som en ”lysande idé”. De anställda luras att tro att det faktiskt är så, för om chefen säger det så måste det vara sant.

Det är en chefs skyldighet att vara mån om sina anställdas välmående. Idéerna är säkert bra, men det kanske inte är så lyckat om andra får jobba för dem. När Adam berättade att han skulle till New York på sin semester borde chefen aldrig ha föreslagit att han skulle jobba. I alla fall inte gratis. Adam skulle ha fått ett bra erbjudande och en massa ob-tillägg, men chefen nöjde sig med att ge komplimanger. Som tur var köpte aldrig Adam den usla dealen ”jobba på semestern mot en massa komplimanger från chefen”. Hur skulle det se ut om alla jobbade ihjäl sig för att någon högre upp i hierarkin ger komplimanger? Ta en titt runt omkring dig – det händer ofta.

Istället för att formulera en fråga gav chefen Adam ett indirekt påstående, men lindade in det i ett konstaterande om ett otroligt bra reportage som skulle fungera perfekt för första numret av tidningen. Det subtila påståendet i meningen och det som står mellan raderna är: ”Jag tycker du ska skriva reportaget på din semester." Vad chefen istället borde ha gjort är att ställa en fråga och komma med ett erbjudande: "Kan du tänka dig att skriva reportaget på din semester? Det känns fel att fråga eftersom det är din semester. Men jag tror det kan bli ett bra reportage och är villig att betala dig bra. Jag har full förståelse för om du vill njuta av din semester." Det är viktigt att chefen visar sin förståelse innan Adam svarar, just för att chefen är högre upp i hierarkin. På så sätt markerar han att Adams beslut inte påverkar hans värderingar om Adam, och då blir det lättare att få ett ärligt svar från en anställd. Effekten blir att de anställda mår och jobbar bättre. Den kommersiella gångbarheten säger sig själv och chefen slipper titeln Komplimang-Hitler – det finns många sådana där ute. Så till er som nu har upptäckt att ni använder komplimangmetoden, jag säger inte att ni ska sluta ge komplimanger, men ge personer en dörr ut ur er formulering. Säg: "Du som är så bra på det här, skulle du kunna hjälpa mig med det? Säg till om du inte har tid nu, jag har full förståelse för det." Dörren är att du uttrycker en vänlig möjlighet att säga nej tack.

TIPS TILL "KOMPLIMANG-HITLER" Granska det som kan bli konsekvensen av dina idéer. Innan du överhuvudtaget berättar om nya förslag – kolla läget hos dina anställda. Fråga om de har mycket att göra, som om du bara vore intresserad av deras hälsa och inte dina idéer. Har de mycket att göra så stanna där och berätta inte om idéerna. De kommer att känna sig skyldiga att genomföra dem. Även om du säger nej finns risken att de övertalar dig, eftersom du är chef, och till slut gör det du vill. Varför? För att hålla sig väl med dig. Är det en bra idé? Inte när de går in i väggen och du får betala deras sjukskrivning. Det lönar sig att tänka igenom sina idéer och se till att personalen mår bra.

TIPS TILL DIG SOM ÄR RÄDD FÖR TACK Säg "tack" och gör det som står på din arbetsbeskrivning, inte mer. Du behöver aldrig betala en komplimang med att jobba övertid. Och se till att du ser igenom förskönade uttryck (euforismer). Det är något komplimanghärskaren använder ofta för att förklä konsekvensen av uppgiften för dig.

"Erbjudas möjligheten att göra ett projekt" = övertid
"Älskling... skulle inte du kunna" = lat partner, du får göra jobbet
"Du har chansen att göra det här" = övertid
"Det här kommer ta tid, men du är flitig" = övertid

Nu vet du vad komplimangmetoden är – förskönade och förklädda uppgifter i vackra komplimangpaket. Du vet även att komplimanghärskaren oftast inte tycker att du är "lysande", utan lättmanipulerad. Och till sist så är du bara "lysande" om du gör som komplimanghärskaren vill. Jag har ett bättre alternativ till dig: Gör som du vill, när du vill och känner att du vill.

Varför är komplimangmetoden så missbrukad?

Let's face it – för att den fungerar! Du känner säkert igen dig i den här härskartekniken. Antingen som offer eller förövare. Föräldrar till små barn brukar glatt erkänna. "Elaine, du kommer förstå när du får barn att komplimangmetoden är en utmärkt uppfostringsmetod." Ja, men visst är den det. Jag minns att både min plastpappa Anders och min mamma använde den på mig när jag var liten. Anders sa: ”Du som springer så snabbt, kan inte du springa och köpa cigaretter åt mig? Så ska vi se om det blir rekord också!” Jag sprang för kung och fosterland och det var alltid rekord! Grundlurad. Mamma gav mig usla alternativ förpackade i vacker retorik. ”Elaine, nu har du ett *erbjudande* som du får välja *fritt*. Vill du diska eller dammsuga?!” frågade hon med ett bländande leende och jag gav ifrån mig ett glädjetjut med frågan ”får jag välja?!”.

Som sagt, det fungerar ju. Men *varför* fungerar det?

När vi knyter en uppgift till en komplimang så gör det att vi skapar en skuld hos personen *om* han inte tackar för komplimangen. Psykologin bakom är väldigt enkel och det utnyttjas i många sammanhang, till exempel i din matbutik. Det är inte enbart av vänlighet som butikerna delar ut gratis smakprov på mat när du kliver in. Undersökningar har visat att principen om återgäldning är inbyggda i oss. När vi får en känsla av skuld så gör vi allt för att bli av med den. De dagar som butikerna delar ut smakprov så köper kunderna mer. Vi känner att vi borde ge något tillbaka och det gör vi genom att handla mer. Men det här sker självfallet undermedvetet. Samma sak är det med komplimanger. Så fort vi får en komplimang så känner många sig tvungna att göra något i gengäld, förneka komplimangen eller göra som de skickliga gör – säga tack. Men de som är bundna av jantelagen säger ”äsch” och betalar tillbaka genom att göra uppgiften som komplimangen var knuten till. Ett onödigt högt pris om du frågar mig – betala inte det.

Komplimanger kostar inte mer än ett "tack"

Komplimanger är effektiva när man vill uppnå sina syften och få andra att göra det man vill. Varför är det så? Därför att i Sverige är vi dåliga på att säga tre saker. "Jag älskar dig", "tack" och "nej". Ett tack är en utmärkt betalning för komplimanger, för det kostar ingenting. Ändå betalar vi med övertid, onödigt kallprat och genom att byta samtalsämne. Allt detta kan ersättas med ett tack, det tar ungefär en sekund och den obehagliga stunden av komplimanger är över. Ibland kan man känna sig tvingad att säga något tillbaka.

Ett dåligt scenario:
"Vad snygg du är idag."
"Äsch."
"Nej, men allvarligt: du är väldigt snygg idag."
"Äh, men lägg av."
"Jag tycker i alla fall det."
"Jaha, okej då. Fan vad kallt det är idag. Tycker inte du det?"

Många känner sig illa till mods när de får positiva omdömen och tycker komplimanger är så laddade att de inte kan ta emot dem. Själv brukar jag ge komplimanger till höger och vänster av två skäl: jag har svårt att hålla tyst (yrkesskadad retoriker) och jag vet att folk innerst inne blir glada. Men reaktionerna är ofta så märkliga. "Oj, vad du ger komplimanger!" Men vad är det som är så märkvärdigt med det? Jag sa inte att jag älskade dig, inte heller bad jag om din hand. Jag uttryckte inget djupgående om din personlighet utan snarare en allmänt positiv uppfattning som kan vara långt ifrån sanningen. Men det är väl kul att uppfattas positivt? De som får komplimanger känner sig ofta obekväma och vet inte vad de ska säga. "Tack" är en utmärkt lösning och tillflykt till nytt samtalsämne.

Ett alternativ:
"Vad snygg du är idag."
Tack. Du med!"

Du behöver inte ge en komplimang tillbaka. Jag kanske ser för hemsk ut den dagen. Dessutom kostar inte komplimanger något, det är inte öga för öga, tand för tand som gäller. Snarare komplimang för tack, tack för komplimang. Det blir inte helt genuint om du automatiskt besvarar en komplimang med att ge en tillbaka, såvida du inte verkligen menar det.

Ett förslag:
"Vad snygg du är idag."
"Tack!"

Du fördröjer inte processen genom att säga tack – tvärtom. Det ord som många fruktar är i själva verket ofta lösningen. Precis som för dem som är konflikträdda: att ta konflikten är det som tar bort den. Just det som de är rädda för är det som är räddningen.

Hur tar man då bort laddningen från komplimangerna? Du kan till exempel be någon annan att komplimangbomba dig. Utgå från dialogen på nästa sida. Allt du behöver göra är att svara "tack".

Komplimangspelet

”Vad snygg du är!”
”Tack!”
”Vilken fin röst du har!”
”Tack!”
”Vad bra du jobbar!”
”Tack!”
”Vad rolig du är!”
”Tack!”
”Vad tråkig du är!”
”Hur menar du då?” *(Du hänger väl med?)*
”Vilken bra dansare du är!”
”Tack!”

”Du har möjlighet att rädda företaget”

Jag höll på att bli utbränd. Min chef sa åt mig att ta det lugnt, inte överanstränga mig och att det viktigaste var min hälsa. Inte långt senare var det kris med företagets webbsida. Chefen la produktionen på en argentinsk webbyrå. Problemet var att ingen på företaget kunde spanska, utom jag. Därför hängde det på mig om krisen skulle lösas eller inte. En hel webbsida skulle göras på två veckor, annars skulle företaget förlora 70 000 kronor. Jag kunde ”rädda” situationen. Jag fick höra att webbsidan var min högsta prioritet och att jag skulle lägga tid på den framför mina andra arbetsuppgifter. Först tyckte jag att det lät bra att lägga bort arbetsuppgifter och koncentrera mig på webbsidan. Mindre jobb under två veckor. Jag gjorde som chefen önskade. Men han visste kanske inte att konsekvensen istället blev att jag sedan fick jobba ännu mer med projekt som skulle ha varit klara före webbkrisen. Så det blev ytterligare två veckors övertid just för att jag fick ”möjligheten” att lösa webbkrisen och lägga undan ordinarie arbete. Det verkade som att det var mindre jobb, men istället blev det mycket mer. Jag fick också jobba på min semester med de projekt som inte var färdiga.

GONZALES

Det finns olika sätt att tillämpa vänliga härskartekniker. De inleds inte alltid med komplimanger. Men det är den första varningssignalen. Den andra varningen är när det jobbiga, som till exempel övertid eller andra oönskade uppgifter, förpackas i vackra formuleringar. Precis som jag nämnde innan. I Gonzales fall lindades övertid in i en möjlighet att "rädda" företaget och få prestigen i att bli hjälte. Alla positiva värderingar som ger dig olustiga känslor bör granskas. Fråga vad han menar med den positiva värderingen och fråga dessutom vad baksidan kan vara. Ställ frågan nyfiket, som om du verkligen vill veta hur han tänker.

Det här med prestige och fjädrar i hattar är något jag tror är på väg att dö ut. Jag tror delvis att det är en generationsfråga. I min andra bok *Du är din generation* skriver jag just om fenomenet prestige och hur det är nästintill värdelöst för de yngre generationerna. Min farfar, som jag älskar högt, har uppmanat mig att göra gratisföreläsningar för diverse prestigesammanhang. Jag har alltid frågat varför jag ska jobba gratis, då svarar farfar mycket kärleksfullt: "Men flicka lilla, det är en fjäder i hatten." Varpå jag svarar lika kärleksfullt: "Farfar lilla, jag har hellre en bunt pengar på kontot." Varpå farfar och jag skrattar åt varandras olikheter. Missförstå mig inte, jag föreläser gärna gratis men inte för en fjäder i hatten utan gärna för värme i hjärtat och för sådant som jag brinner för, som organisationer mot mobbning och dylikt. I Gonzales fall så blev det svårt, om han inte gjorde som chefen sa så skulle han kunna beskyllas för att inte brinna för företaget.

Jag tror inte att Gonzales chef är dum. Han försökte rädda företaget från en webbkris. När kriser kommer tänker man inte alla gånger långsiktigt utan bara på att de måste lösas snabbt, helst nu. Trots att Gonzales hade varnat sin chef för att han kände sig utarbetad la chefen den informationen åt sidan för ett tag. Krisen kom flygande och chefen skannade sin närhet på lösningar. Där satt Gonzales på sin skrivbordsstol, en aura sken runt honom och chefen måste ha hört en änglakör sjunga ”Halleluja” i sitt huvud, för där hade han det: en lösning! Hur formulerar man för ”lösningen”, som tidigare berättade att han var utarbetad, att det här är något bra? Komplimanger är ingen dum början, tänkte nog chefen. Sedan kan jag paketera allt det jobbiga i ”prestige” och ”möjligheter”. Fina ord – och ett gammalt knep som personer i ledningspositioner ofta använder. Vi har många gånger hört politiker säga saker som ”sänkta skatter”, ”högre a-kassa” och det låter ju vackert. Men som åhörare bör vi alltid fråga efter kostnaden för deras fina formuleringar. Vad innebär ”sänkta skatter”, och i Gonzales fall, vad innebär ”möjlighet att rädda företaget”?

Att bli utvald att rädda sitt företag låter väldigt positivt, så länge du låter bli att förklara konsekvensen av att bli webbfrälsare. Därför är det just det som Gonzales bör göra: informera chefen om kostnaden för att bli frälsare.

TIPS TILL ”DEN SPANSKTALANDE WEBBFRÄLSAREN” Ställ frågor till chefen om arbetet kring hans idé, men utan att låta ironisk.

Om du säger ”vad menar du med det du kallar lysande idé?” kan det uppfattas som att du inte håller med honom. Visst låter det logiskt att du ska lösa krisen med dina språkkunskaper, men chefen har uppenbarligen glömt det du sa om överbelastning. Låt honom få veta att hans logiska lösning, med mindre ordinarie jobb ett tag och sedan återgång till de vanliga arbetsuppgifterna, inte riktigt kommer att fungera. Du kommer att vara ännu mer belastad när du återgår, men problemet är att din chef inte vet om det. Och det är inte ett särskilt stort problem. Allt du behöver göra är att berätta. Förklara det pedagogiskt och förklara varför idén (viktigt att objektifiera ”idé” så att det inte blir ”chefens dåliga idé”) skulle missgynna företaget och dig i längden. Han kan välja att låta dig prioritera webbkrisen och förse dig med mer resurser när du återgår till det vanliga arbetet, eller så kan han anlita en extern person som behärskar spanska. Helt plötsligt blir valet hans och det är dina alternativ han har att välja mellan, och han får dessutom fortfarande känna sig som chefen.

TIPS TILL "MÖJLIGHETS-HITLER" Man kan inte ha full koll på sina anställda. Men har någon berättat för dig att han är överbelastad så kan du nog spara dina ”lysande” idéer. Se till att det känns bra även för dina anställda. Fråga hur de mår och sätt dig in i deras arbete, så kanske du ser att alla förslag inte känns lika strålande för dem som de gör för dig. Hör efter bland dina anställda om det finns någon som har tid över eller känner någon som kan spanska.

"Men du som är så stark"

Elaine, jag har läst *Härskarteknik* och jag försökte hantera en tjejkompis som hela tiden ber mig att bära hennes väska med motiveringen att jag är stark. Okej, jag har förstått att man ska tacka för komplimangen och förklara varför man inte kan ta väskan. Men sug på den här förklaringen – jag är inte starkare än vad hon är, faktum är att jag kanske väger femton kilo mindre och jag har inte en muskel på kroppen. Jag ser ut som en överkokt spagetti. Så hur sa jag det till henne? Jo ...

Jag: "Tack (om nu stark är en komplimang), men Jenny du är ju faktiskt mycket större än vad jag är."

Jenny spänner ögonen i mig med iskall blick och väser ur sig orden som får håren att resa sig på oss män: "Tycker ... DU ... att jag ... är TJOCK?!"

Behöver jag säga att jag tog väskan och knep käft?

PELLE, SOM ÄR MYCKET RÄDD FÖR "TYCKER-DU-ATT-JAG-ÄR-TJOCK"-KVINNOR

Om jag skulle tvingas ta på mig genusglasögonen och benämna en härskarteknik som kvinnornas så skulle det vara att använda just den meningen: "Tycker du att jag är tjock?" Den är komisk och hotfull på samma gång. Komisk för att den är så enkel att dra till om man vill bråka med sin partner, för det finns inget som han eller hon kan säga. Alla svar är minfält. En utväg skulle möjligen vara att säga: "Jaha, vill du bråka nu igen?". Men säg för Guds skull inte något av följande alternativ: "Nej, du är fyllig!", "Nej, du är kurvig", "Du är inte lika tjock som förut!" Eller allra värst: "Ja." Du kan slingra dig ur svaret med dessa alternativ: "Jag tycker du är sexig", "Du är vacker", "Du är exakt så som jag vill att du ska vara". Men för Pelle som är rädd för dessa kvinnor så blir det lite svårare. Han skulle inte ens ha klivit in i ”vem-är-störst-kampen”, oavsett vad så kliver han ur ringen som förloraren och får ändå bära väskan. Byt perspektiv och lyft fram en helt annan aspekt.

Det här skulle Pelle ha gjort istället

JENNY: ”Tycker du att jag är tjock?”

PELLE: ”Nej, absolut inte. Det är snarare jag som är en speta, en underviktig sådan och det är inte kul på något sätt. Den där väskan är en tredjedel av min vikt och det är inga muskler som får bära upp den utan mina spagettiarmar.”

Alternativt så här:

JENNY: ”Pelle, du som är så stark, kan inte du bära min väska.”

PELLE: ”Tack Jenny, vad roligt att du tycker att jag verkar stark. Sanningen är tyvärr att jag väger 57 kilo och det är inga muskler på den här kroppen. Så jag får avböja. Men tack.”

Då har han inte bara kombinerat ett tack med en förklaring utan han har också avslutat med ett tack. Det blir en retoriskt strålande disposition då det vi avslutar med oftast blir eftersmaken. Säger vi ”du är en oerhört skicklig ekonom, men lite långsam”, då tar ”men” udden av komplimangen helt och hållet och långsam blir eftersmaken. Men vänder vi på det: ”Du är lite långsam, men en oerhört skicklig ekonom” då tar ”men” istället udden av långsam och ekonomen får en bättre eftersmak – det är skickligt.

Utöver retoriskt skickliga dispositioner så är det viktigt att du har förmåga att byta perspektiv.

Perspektiv

Effektiv kommunikation handlar många gånger om förmågan att byta perspektiv, se fördelar och nackdelar med andras glasögon. Det är inte särskilt kul att byta perspektiv. För det första finns risken att din tidigare självklara ståndpunkt inte känns lika uppenbar längre. För det andra måste du ägna dig åt verksamheten som på svengelska kallas "kill your darlings", det vill säga byta ut det som du tycker är bra argument mot det den andra personen tycker är bra argument. Det som är positivt med att byta perspektiv är att du lättare blir förberedd att bemöta eventuella argument mot det du står för. Då har du ju redan sett saker ur den andra synvikeln.

Jag minns alla argumentationer jag hade med olika politiskt aktiva personer inför valet 2006. Skulle man rösta på alliansen eller något parti på den andra sidan? I min vänskapskrets har vi väldigt olika ståndpunkter, vilket gör perspektiven fler och överenskommelserna något färre. Men den gemensamma respekten för olikheter och vår övertygelse om att det här är en tillgång gör att vi kan hålla ihop. Tack vare våra olikheter. Vi samlades för en politisk middag och fick knappt i oss någon mat för alla åsikter som ville komma ut. En i sällskapet skulle helt klart rösta på vänsterpartiet.

"Jag är inte förvånad!" hojtade moderaten i gänget och lutade sig tillbaka med ett finurligt leende.

"Nähä, varför inte det?" frågade vänsterpartisten argt och tittade på moderaten.

"Vill du veta?"

"Ja."

”Vill du verkligen veta?”

”Ja.”

”Du är hippieklädd, har hår under armarna för att trotsa könsnormen och är nästan alltid lite förbannad. Istället för att komma med förslag på hur världen kan bli bättre patrullerar du och dina kompisar med plakat där det står ’Allt är skit’. Sedan klagar ni ihop. Om jag ska vara ärlig tror jag att ni egentligen är ett gäng med Tourettes syndrom. Ni har samlats inom vänstern för att ingen ska ifrågasätta varför ni svär och skriker i varannan mening, ungefär som hårdrockare, fast politiska.”

Vänsterpartisten ställde sig upp alldeles röd i ansiktet och diskussionen gick från ljummen till het.

”Du är ju för fan dum i huvudet”, sa vänsterpartisten och moderaten tittade på oss andra.

”Nu fattar väl i alla fall ni vad jag menar”, sa hon och skrattade.

En annan i sällskapet försökte överbrygga konflikten genom att hitta gemensamma nämnare, och det var det som fick mig att tänka på vikten av att ha förmågan att byta perspektiv.

”Men du som är moderat, vad ser du för fördelar med vänsterns synsätt?”

”Inga alls. De får ut sina aggressioner, men det kanske borde ske hos en terapeut istället”, sa moderaten med glimten i ögat, och vänsterpartisten skrattade lätt.

”Du då, ’vänstern’, vad ser du för fördelar med moderaternas synsätt?”

”Helt ärligt: inga alls.”

”Så du menar att det inte finns några fördelar med det de förespråkar? Det som oroar mig är att alliansen håller på att vinna valet. Jag ska inte rösta på dem, men andra politikers klagoretorik på alliansen och ovilja att se det positiva som en stor del av befolkningen ser hos dem blir också deras fall. Att säga att det inte finns något positivt med dina motståndares tillvägagångssätt är också att kalla en stor del av befolkningen blind."

Tystnad och diskussionen gick från het till ljummen igen.

Nu har jag tagit dig på ett långt politiskt sidospår, men det här gäller inte bara jobb och politik utan också privatliv. Förmågan och viljan att byta perspektiv förbättrar din argumentation och därmed till viss del din kommunikation, i alla fall *vad* du säger.

Vad borde vänsterpartisten och moderaten göra då? Titta på varandras lösningar till en bättre värld och eventuellt föreslå något ännu bättre istället för att stanna vid konstaterandet: Ni är ute och cyklar. Framför allt komma med ett smartare alternativ istället för att hävda att det andra partiet har helt fel. Det politikerna gör är en bra metod för att frälsa de redan frälsta. "Vi är bra, de är dåliga." Vill man vinna ett val, en röst eller en åsikt bör man ha förmågan att byta perspektiv. Moderaten ska kunna se fördelarna med att rösta på vänstern och vice versa. Det är effektiv kommunikation: att känna till motståndarens guldkorn.

Härskaren som tillämpar komplimangmetoden är varken demokratisk eller öppet huggande som hobbypolitikerna på min middag. Nej, den som sysslar med komplimangmetoden sysslar med skendemokrati och vill gärna få det att se ut som att du har en fri vilja. Men att inte göra som chefen säger har ofta ett pris, det vet vi, och därför gör vi som härskaren vill. "Villkorskärlek" har Lars Einar Engström kallat det, han som är författare till *En sexists bekännelser* (Uppsala Publishing House 2005). Du gör som du vill och jag älskar dig, så länge du gör som jag vill.

Inte helt ovanligt i förhållanden för övrigt, där många män säger sig få tillbaka all härskarteknik de någonsin har använt mot andra. Vi kvinnor ger dem vad de tål. En annan man beskrev samma fenomen på följande vis: ”När min fru frågar mig något om henne så handlar det många gånger inte om att svara ärligt utan rätt och tillfredsställande för henne. Det känns som att förpackningen är ’svara precis vad du vill älskling’ men det som förpackas är ’men svarar du fel då ska du få höra’.”

Komplimangmetodens kännetecken

Det finns många former av ”vänliga” härskartekniker. Men det går ofta att känna igen dem genom några gemensamma nämnare för alla – en komplimang är knuten till en uppgift. Eller så är jobbiga fakta inpackade i vackra paket. De lämnar dig med en olustig känsla, trots den fina komplimangen och den ”fantastiska möjligheten”. Leta efter inlindade konsekvenser, hur härskaren beskriver det som för dig blir att jobba över, göra en tjänst eller kanske bära en väska.

Därför förlorar du på att använda komplimangmetoden

Jag jobbade på ett företag där härskartekniker användes till höger och vänster. Den mest frekvent använda härskartekniken var komplimangmetoden. Folk jobbade som djur för låga löner och för komplimanger. De högst uppsatta i företaget satte standarden för arbetskulturen, de var otroligt charmiga och fick alla i sin omgivning att känna sig riktigt speciella. Jag tror inte att det var medvetet, men det gjorde definitivt att folk jobbade mer än de förmådde. En av cheferna gick runt och spred "kärlek" i korridorerna... Hur sjutton uppnår man rapport på det, ska jag säga "kärlek" till min chef? Nej, det kunde jag inte. Tillfälliga problem löstes med komplimangmetoden. Många av de anställda sov över på kontoret för att hinna med allt. Men till slut skulle en efter en klappa ihop. De anställda, inklusive cheferna, gick in i väggen och företaget gick i konkurs. Så dessa tillfälliga briljanta lösningar blev företagets fall. Tyvärr är det så att det många gånger blir enskilda personers fall. Varje dag är det någon som går närmare väggen för att han inte har förmågan att hantera komplimangmetoden och för att chefen, kollegor och familj utnyttjar det. Det är ett "vänligt" sätt att bryta ner någon sakta men säkert. Arbetsplatser har inte råd med sjukskrivna, men komplimangmetoden är en säker väg dit.

Den världsledande motivationsforskaren och professorn Edward Deci har konsekvent i sin forskning demonstrerat hur komplimanger och beröm, då de används som ett verktyg för att kontrollera, får rakt motsatt effekt på andra människors vilja och engagemang än vad som var meningen. Beröm och uppmuntran ska, enligt Deci, enbart förmedlas i syfte att bekräfta och stärka. Inte för att förmedla krav, önskemål och förväntningar.

Så hanterar du komplimanghärskaren – packa in ditt "nej" i ett vackert paket

Nu ska du få höra om en situation som jag var med om på ett jobb jag hade för länge sedan. Jag mötte en kvinna som hade svart bälte i komplimangmetoden. Hon charmade alla till höger och vänster, var otroligt omtyckt och delegeringsexpert. Hon slapp jobba för att hon var manipulativ nog att få andra att göra det som stod på *hennes* arbetsbeskrivning. Jag var ny på jobbet och därmed längst ner i hierarkin – för övrigt trist att man ska vara längst ner bara för att man är ny. Hon hade fått i uppgift att hålla i personalmötet på eftermiddagen och det var inte något hon kände för. Hon körde martyrmetoden (längre fram i boken) hela dagen. Hon suckade och ojade sig i personalrummet så fort jag var i närheten. Tittade på mig med stora rådjursögon och förklarade pedagogiskt: ”Ja, visst ställer man upp för företaget. Det måste man. Men jag har ju så mycket annat jag måste göra.” Jag nickade förstående, lämnade henne och gick in på mitt rum. Hon såg lite förvånad ut att jag inte föll för hennes martyrhypnos, men hon visste ju heller inte att jag var retoriker. En halvtimme senare så körde hon en helt annan metod – komplimangmetoden. Jag hörde hennes pigga klackar komma med raskt tempo långt innan de nådde mitt rum. Hon svängde in med glittrande ögon och la ut en handflata mot mig som om hon hade något riktigt exklusivt att erbjuda. Sedan väste hon glatt: ”Elaineee, du som är så rolig, social och härlig! Kan inte duuu hålla i personalmötet i eftermiddag?!”

Hur hanterar man en sådan situation? Låt mig gå tillbaka till rapport som jag nämnde i projiceringskapitlet. Rapport är när man speglar den andra personens jargong eller kroppsspråk för att uppnå ett flyt i konversationen. Speglar du kroppsspråket hos någon som ser ledsen ut och säger att hon känner sig ledsen, så kommer samma person känna att du förstår när du ser ut som hon gör. Gör du tvärtom och ler när personen säger det sorgliga, ja, då går det självfallet inte lika bra. När en charmig kollega med en dold agenda kommer in med ett ”erbjudande” så känner de flesta det på sig och vad gör de då. Jo, de lutar sig tillbaks i stolen med skeptisk min, armarna i kors och tanken ”och vad vill hon mig nu då”. Problemet är att det blir raka motsatsen till rapport och det skapar ett oflyt i konversationen. Därför är det viktigt att du mentalt separerar komplimangen från uppgiften, tar emot komplimangen på samma sätt som du har fått den (gärna med ett tack) och bemöter uppgiften med en förklaring till varför du kan eller inte kan. Så det var exakt det jag gjorde ...

I samma sekund som hon glittrande kom in på mitt kontor så lutade jag mig över mitt skrivbord leendes som om jag höll på att spricka av förväntan över det hon hade att säga. Så jag räckte fram min öppna handflata och log mot henne medan jag sa: ”Vad roligt att du tycker jag är social, härlig och rolig! Tack, jag uppskattar att höra det! Jag har inte tid att hålla mötet idag, men tack!” Min charmiga kollega verkade inte ha uppfattat vad jag sa för hon log ännu större och svängde ut ur mitt rum medan hon glatt väste: ”Okeeeeej!” Hennes pigga klackar lämnade mitt kontor i rask takt, men så plötsligt saktade de in. Osäkra klackar närmade sig mitt kontor och ett försynt huvud kikade in och hon frågade: ”Det där var ett nej, eller hur!” Jag gav henne tummen upp och sa: ”Helt rätt!” Hon log lite osäkert och vacklade tillbaka till sitt rum, Komplimang-Hitler var bemästrad. Och jag hade en metod – rapport. Hon uppfattade inte mitt nej av samma skäl som folk inte uppfattar uppgifterna. Jag hade packat in mitt nej i ett lika vackert paket som hon hade packat in sin komplimang – jag speglade hennes jargong och sa nej på hennes språk. Det kan inte gå fel eftersom folk *känner* att du förstår dem när du uppnår rapport.

Men hur ska man göra det här i andra fall? Hur säger man nej på ett bra sätt? Det finns ju de som gått i terapi i 25 år för att lära sig det ”magiska ordet” nej. Men tyvärr finns det inget magiskt i nej, tvärtom kan det låta otrevligt om någon med en trevlig ton säger ”Elaine, du är en sådan bra föreläsare, kan inte du föreläsa imorgon också?” men jag däremot helt sonika svarar nej. Det blir ju en knäpp på näsan och otrevligt eftersom jag inte har tackat för komplimangen. Det är däremot magiskt att plantera nej hos den som frågar tillsammans med ett tack och en förklaring: ”Vad roligt att du tycker jag är en bra föreläsare. Jag har ledigt imorgon så det går inte. Men tack för komplimangen.” Säg inte nej, plantera det istället och det gör du bäst genom att förklara. Håll förklaringen kort, annars kan det verka som att du känner dig skyldig och då spelar härskaren på det istället.

Kort och gott – separera komplimangen från uppgiften. Bemöt komplimangen så som en komplimang bör bemötas, med ett tack. Bemöt uppgiften effektivt – med en förklaring. Det är ett nej som inte ens komplimanghärskaren kan motstå.

3

STEREOTYPMETODEN

Visste du att första gången du träffar någon så minns du sällan personens namn. Varför? För att vi är för upptagna med att placera honom eller henne i ett fack. Medan personen säger sitt namn, betraktar du henne från topp till tå och drar din skräddarsydda generalisering om vem hon kan vara. Slutsatsen kommer ofta samtidigt som hon sagt sitt namn, då tänker du: Hon är säkert en ”såndär”. Sedan kommer den traditionella följdfrågan vi alla ställer: ”Vad sa du att du hette nu igen?” Du behöver inte vara orolig för att du är fördomsfull, det är vi allihop. Du är med andra ord i gott sällskap.

Att generalisera är en neurologisk förmåga eftersom vi aldrig skulle kunna fungera utan att ta en hel del för givet. Det är det som gör att vi kan hantera vår omgivning. Vi tittar inte två gånger på en stol och funderar på om man verkligen kan sätta sig på den. Passar den i facket för hur en stol ser ut, med fyra ben, ryggstöd och sits, så generaliserar vi oss fram till att den går att sitta på. Stolar har det utseendet och därmed den egenskapen. Men vi borde sluta generalisera så mycket när det gäller människor. När vi ser en person och tror oss veta vad han eller hon kan eller inte kan blir det problem. När vi förenklar folk till ett utseende, nationalitet, kön, sexualitet, handikapp, ja listan kan göras lång, då utövar vi stereotypmetoden. Behöver jag nämna att det är en väldigt vanlig fälla? Nej, tänkte väl det.

"Anna, du kan väl föra protokoll?"

Jag jobbar i en kommun där vi har en relativt skön kultur. Men det är vissa mönster som gör att jag ändå blir tveksam om det verkligen är 2011 och inte 1942, då kvinnorna tog sina första steg in i arbetslivet. Det sker inte jättetydligt eftersom ingen ifrågasätter det. Vi har arbetsmöten och någon ska alltid föra protokoll. Trots att det är hälften män och hälften kvinnor, så är det alltid en kvinnas namn som föreslås som protokollförare. Och nej, det är inte bara männens förslag, det kommer lika ofta från en kvinna.

ANNA, PROTOKOLLANSVARIG TROTS
ATT DET INTE STÅR I ARBETSBESKRIVNINGEN

Känns det här bekant? Jobbar du på en arbetsplats där kvinnor får "kvinnliga" uppgifter som inte står i deras arbetsbeskrivning? Men vi ska inte stanna där. Nej, kvinnor, nu tar vi av oss offerkoftan för visst kan män få "manliga" uppgifter på arbetsplatser. Jag har haft hundratals föreläsningar och när det gäller manliga och kvinnliga uppgifter som är utanför arbetsbeskrivningen så är de slående lika oavsett bransch och ort.

Kvinnliga uppgifter: Ta disken, vattna blommorna, koka kaffe, föra protokoll, dekorera inför roliga event – "det kan kvinnorna och bögarna göra", erkände en kvinna skamset på en utbildning jag höll i.

Manliga uppgifter: Bära tunga saker, byta glödlampa (det är fortfarande ett mysterium för mig varför det är så), fixa skrivaren och andra tekniska företeelser, bära ut soporna – "och gör han inte det så är han nog bög", erkände samma kvinna än mer skamset.

Japp, så är det fortfarande trots att det är "moderna" tider vi lever i. Folk förenklas till sitt kön trots att vi är individer.

Det är förödande att det finns arbetsgivare som går efter utseende när de söker en viss kompetens. Ta en titt på ditt jobb eller i din vänskapskrets. Hur ser folk ut? Ser ni precis likadana ut, är ni i samma ålder, har samma bakgrund, hårfärg, hudfärg, sexualitet, intressen, röstar på samma parti? Jag går runt på arbetsplatser och slås av hur många som ser likadana ut där. Vita medelålders män på en plats och yngre kvinnor på en annan. Om jag hittar en mulattarbetsplats så kommer jag att svimma. Bara för att vi har samma hudfärg så betyder inte det att vi är likadana. Bara för att två personer är kvinnor så behöver de inte vara genier på att vattna blommor. Förstår du vad skruvat det är? Så det är dags att bryta dessa vansinniga stereotypmönster så att folk kan få vara bra på det de är, just för att de är bra på det – inte för att de är kvinnor eller män.

Så vad ska Anna göra?

Först och främst så är tystnaden härskarteknikens bästa vän. Är du tyst smyger härskarteknikerna sig upp i väggarna och blir en del av arbetskulturen eller familjekulturen. För att hindra det så behöver du peka på vad som händer. Kom ihåg att det är en stor skillnad på att peka ut en skyldig till fenomenet mot att bara peka på fenomenet. Du ska aldrig anklaga en person, härskaren är trots allt i nio fall av tio omedveten plus att du hanterar besvärliga personer bättre om du har den inställningen. Peka istället på fenomenet. Så när Anna får uppgiften att skriva protokoll ska hon säga:

”Hörni, jag tror inte att ni är medvetna om det men *vi* ger alltid protokollskrivandet till en kvinnlig medarbetare. Vi är ändå fiftyfifty här och jag tycker det vore trist att, om än omedvetet, förenkla folk till sina kön. Tycker inte ni det?”

Det är viktigt att Anna betonar "vi" för att ta del av ansvaret, då kommer medarbetarna vara mer benägna att dela skulden. När hon säger det här ska hon titta tungt på protokollet och pennan, sedan le mot alla sina medarbetare trots att det kanske är en som är huvudskyldig. Vittnet till härskarteknik är också skyldig om han passivt tittar på när någon annan blir förtryckt.

Så ett utopiskt förslag till vad Anna skulle ha gjort är egentligen ingenting. Hennes manliga medarbetare skulle ha ställt sig upp och sagt: "Medarbetare, jag tror att vi är en arbetsplats på tvåtusentalet, inte fyrtiotalet. Jag har märkt att kvinnor alltid för protokoll här och jag tycker att vi slutar med det och delar på protokollbördan. Här jobbar vi ju inte för att vi är kvinnor eller män, utan vi är individer med olika kompetenser." Applåder!

Men alla lever inte i utopier. Författaren till boken du håller i predikar men är långt ifrån ett helgon. Jag är själv kvinna och väldigt fotbollsintresserad, ändå har jag missbedömt andra kvinnor. Men innan jag går in på det får du följa med mig till fosterstadiet.

Min mamma har berättat för mig att hon och pappa kallade mig för Pelé i magen eftersom jag sparkade så friskt. Kanske skulle en ny fotbollslegend komma ut? Istället kom en Elaine och sparkandet var mina långa ben som säkert utgör åttio procent av min kropp. I föreläsningssalar brukar jag gå för att sätta mig längst fram, men lugna dem som sitter bakom med att "jag är mycket kortare när jag sitter ner". Min mamma såg till att jag skulle heja på rätt lag från barnsben, och det var Brasilien. Motiveringen var "det är roligare att vinna" och det köpte jag rakt av, med all rätt. Mitt fotbollsintresse är väldigt stort vart fjärde år då VM är aktuellt och om Brasilien spelar. En solig dag 2006 satt jag på mitt kontor och läste nyheten om att Brasiliens landslag med deras stjärna Ronaldinho skulle komma till Råsundastadion. Jag jublade och rusade över till produktionsavdelningens rum där bland andra Anders, Dan och Erik satt. Jag jublade, hoppade och skrek, och killarna såg glada ut de med. ”Grabbar, nu är det vi som ska till Råsunda. Ska jag boka biljetter åt er?” frågade jag. Och det skulle jag. ”Elaine, du undrar inte om jag vill gå?” frågade Anna, redaktionschef för tidningen Macho som är inriktad på genusfrågor och jämställdhet. ”Eller kanske jag?” sa Melina, som var formgivare.

Nej, det undrade jag inte eftersom i mina generaliseringar var deras intresse för fotboll obefintligt. Varför? För att de var genusintresserade, tjejer eller Anna och Melina? Vad av det blev i mitt huvud en motsättning till fotboll? Svaret är: mina fördomar. Lyckligtvis så bröt de tystnaden och med det bröt de mig fri från att härskartekniken skulle fortsätta eller ta fäste i vår arbetskultur. För att slippa att återigen överväldigas av den genans som jag kände då frågar jag numera alla i liknande situationer. Skulle det sitta en 85-årig Hulda i närheten skulle jag förmodligen fråga henne också. Svaret kanske blir nej, men det är kul med potentiella positiva överraskningar.

TIPS TILL KVINNA Är du intresserad av att gå – säg det! Är du inte intresserad så fråga varför du inte blev tillfrågad. Du hindrar härskarteknikerna från att sätta sig i väggarna, ditt ord sätter stopp.

TIPS TILL MIG Fråga kvinnorna – du kommer att bli positivt överraskad av hur många som vill följa med.

Ett tips till alla som drabbas av stereotypmetoden

Det finns massor av olika stereotyper. Det här kapitlet hade kunnat bli en helt egen bok. Jag ber redan nu om ursäkt om "din kategori" inte finns med bland dessa exempel. Men jag kan redan nu ge dig ett tips. Sätt dig själv i perspektiv. Kom på tre felaktiga saker som folk brukar tänka om dig:

....

....

....

Det kan till exempel vara att du är blond och folk automatiskt tror att du är korkad. Kom nu på tre skäl som bevisar att de har fel kring tankarna om dig. Skriv ner dem här:

....

....

....

"De där ryssarna, jag gillar inte dem"

Jag satt på en arbetsintervju och min potentiella arbetsgivare hör att min brytning klingar ryskt.

"Var kommer du ifrån", frågar hon mig.

"Jag kom från Litauen för 35 år sedan", svarar jag och ler.

"Vilken tur, jag hatar ryssar", utbrister hon och mitt leende förvandlas till en bekymmersrynka. Tystnaden hänger i luften och jag tvekar länge innan jag säger:

"Det finns 180 miljoner ryssar så det är en stor skara att hata."

MAN SOM ÄR TRÖTT PÅ FÖRDOMAR OM RYSSAR

Vilken fantastisk man som vågade konfrontera fördomen om ett helt folkslag! Det påminner mig om Harvard Milks uttalande till en kollega som sa: ”Harvard du är inte som andra bögar.”
Harvard: ”Hur många andra bögar känner du?”

Det lär oss något enormt viktigt. Ju färre vi känner av en ”kategori” desto färre slutsatser kan vi dra om ”kategorin”. Ju längre bort personen är desto mindre konturer och detaljer ser vi. Vissa har inga bögkompisar och förenklar dem därför till modeintresserade, fjolliga sexgalningar som lyssnar på schlager. Hur många bögar känner de? Samma sak är det med andra kategorier, som svarta personer: Gillar basket, lyssnar på hiphop, är ”välhängda” eller har stora rumpor, snackar oftast engelska. Hur många svarta känner de? Afrika är en fantastisk kontinent och den första tanken när folk tänker Afrika, vad är det? Ja, de som har sett närmare på Afrika, studerat detaljerna och konturerna vet att det är en kontinent som man inte kan generalisera om. Det är stor skillnad på etiopier och marockaner, ugandier och nigerianer, gambianer och somalier. Både utseendemässigt, kulturellt och musikmässigt. Människor i Afrika lyssnar inte på hiphop och spelar basket bara för att de flesta är svarta där. Så återigen, hur många afrikaner känner du?

Så vad skulle ”man som är trött på fördomar om ryssar” ha gjort istället?

Behöver jag ens säga det? Han skulle ha frågat: ”Hur många ryssar känner du?” Och svaret kanske hade varit: ”Jag har träffat många och de är så hemska.” Då är det bara att ställa frågan igen: ”Jag förstår, men hur många *känner* du?” Svaret hade sannolikt blivit ”inga” och efter det behövs inget annat än en enda lång pinsam tystnad, skön för den modige mannen och pinsam för arbetsgivaren.

”Men får du hjälp med chefsjobbet?”

Jag är en 35-årig chef på ett medelstort företag. När jag träffar folk så är det många som undrar om jag får hjälp med mitt jobb. Tack och lov så är inte personalen på min arbetsplats så trångsynta att de tror att kompetensen har ett utseende eller en hårfärg för den delen. Jag råkar vara blond och det var inte förrän jag färgade håret brunt som jag upptäckte att det var utifrån hårfärgen som de underskattade min intelligens. Jag fick ett helt annat bemötande som brunett.

BLONDIE

Det är väldigt konstigt att det finns de som drar slutsatsen att en blond person automatiskt skulle vara blåst. Tror de att hårrötterna på något sätt är kopplade till hjärnan? Då undrar man spontant vem som är blond i den bemärkelsen. Men det är inte bara blonda personer som blir utsatta – snygga personer kan ibland också förväntas vara korkade. Det kan väl inte vara dumt att ta hand om sitt utseende, tvärtom.

Nyfikenhet är nyckeln till stereotypmetoden

Du ska varken vara ledsen eller arg – man ska inte lägga en värdering i plumpheten, vi är alla mer eller mindre fördomsfulla. När du hör något fördomsfullt ska du ställa en nyfiken fråga. Ställer du en nyfiken fråga så lockar du härskaren att utveckla sitt resonemang och hon kommer att upptäcka att hon hade fördomar. Det är ett ödmjukt sätt att säga sanningen.

"Unga och kvinnor är kaxiga och män är raka"

Det var en fredagskväll då jag och några kompisar diskuterade lönesystem vid en bardisk. Jag hade fått veta att en kollega som var man hade högre lön än jag trots att vi utförde samma arbetsuppgifter. Jag hade dessutom jobbat där längre än vad han hade gjort. Väl i baren berättade jag för mina vänner att jag hade pratat med min chef om det. Min kompis Peter kollade imponerat på mig, höjde sitt ölglas i en skål för mig och konstaterade att det var kaxigt gjort. Hade jag varit man hade det inte varit någon större förvåning. Kommer kvinnor som står upp för sig själva alltid att ses som kaxiga?

BEATRICE

Enligt stereotypmetodens härskare är unga och kvinnor kaxiga om vi säger vad vi tycker. Det finns teorier som hävdar att kvinnan är en mer värderande varelse. Kanske är det så, jag vet inte. Men att en kvinna säger vad hon tycker ska inte betraktas som kaxigt, snarare som en självklarhet. Tiden då vi skulle tiga i kyrkan är förbi. Och den auktoritära hållningen mot yngre personer är också förbi. Det är många yngre personer som lärt sig att säga exakt vad de tycker och därför anses kaxiga. Kaxig betyder att du gör någonting utöver det som förväntas av "en sådan som du". Kvinnor och unga – glöm det. Ni gör exakt det som förväntas av er i ett demokratiskt samhälle, ni gör era röster och era åsikter hörda. Ni är inte kaxiga, ni är raka!

Tyvärr används titeln kaxig för att tysta ner. Att ge skräddarsydda titlar, som "kaxig" eller "tjatig", kan vara ett effektivt sätt att tysta ner. Om du hela tiden får negativa titlar så fort du framför din åsikt kommer du snart att tröttna på att öppna munnen. Du kanske börjar välja dina strider, men det ska inte behöva vara en strid att säga vad du tycker. Att bryta mot förväntningar ska inte behöva resultera i skräddarsydda titlar, men resultatet blir ofta det. Det är inte du som ska värderas, utan det du säger.

TIPS TILL BEATRICE Fråga vad din killkompis menar med ”kaxig”. Om du misstänker att du bedöms som kaxig för att du är kvinna, fråga när en man är kaxig. Gör det av nyfikenhet, kanske får du svaret och han insikten om att män aldrig ses som kaxiga, utan att det var en skräddarsydd titel för dig som kvinna. Be honom att värdera det du säger i fortsättningen. I samma veva kan han gärna sluta förse dig med skräddarsydda titlar han aldrig hade gett en man som sagt samma sak.

TIPS TILL "VISST ÄR HON KAXIG" Om du hemskt gärna vill använda ordet kaxig om din tjejkompis, och om du menar det i positiv benämning, så gör det. Kanske föreslår hon ordet ”rak” istället och kanske skulle du pröva att ge samma benämning för samma uttalande oavsett vem det kommer ifrån.

"Var kommer du ifrån?"

Jag är så trött, trött, jättetrött på den frågan. Det är inte bara jag som svart som får den, utan andra som inte ser ut som svenskar såg ut för femtio år sedan. Jag är född här, har aldrig varit i Uruguay där mina föräldrar kommer ifrån. Jag är svensk! Jag vet inte hur jag ska tackla frågan och jag är dessutom trött på de politiskt korrekta försöken att omformulera just "var kommer du ifrån?" till "vad är ditt ursprung?". När jag svarar att jag är svensk kommer följdfrågan: "Jaha, men var kommer du ifrån från början?" Suck!

WILLIAM

Det är lätt att förstå att frustrationen blir stor när folk utgår från att man kommit från en annan del av planeten bara för att man inte ser stereotypiskt svensk ut. Att tro att alla svenskar är blonda och blåögda är lika vrickat som att tro att gemene amerikan har cowboyhatt och skriker "yiiihaaa" efter varje mening. Men att bli förvånad över att en svart person är svensk, när det i princip inte fanns en sådan person för femtio år sedan, är inte att överdriva. Vi står inför ett skifte och alla har inte hängt med. När någon ställer mig frågan utgår jag från att personen ifråga bara är nyfiken, och det brukar låta så här: "Var kommer du ifrån?" undrar hon och ler. Jag ler tillbaka, trots att det är sextusensjuhundraåttioandra gången jag hör frågan. Och jag svarar med tre frågor: "Undrar du var jag bor, var jag föddes eller varför mitt hår är krulligt?"

Det är inte alla gånger folk vill ha svar på den tredje frågan, men många av oss "exotiska svenskar" utgår i våra fördomar från det. Vissa är mer uppdaterade än man tror.

TIPS TILL WILLIAM Fråga först vad de menar. Om de menar ditt ursprung kopplat till en etnicitet, förklara då att: "Jag är svensk. Men om du undrar varför jag ser ut som jag gör är det för att mina föräldrar är från Uruguay. Jag kan inte berätta så mycket om Uruguay för jag har aldrig varit där."

TIPS TILL "VAR KOMMER DE IFRÅN?" Fundera över varför du ställer den frågan. Om det har relevans för er konversation, ställ frågan. Annars kan inte utseende berätta så mycket om en person. Även om jag har krulligt hår har inte kontinenten Afrika präglat mig, jag har inte ens varit där. Och det är många som inte har påverkats av det land som du till slut lyckas koppla deras utseende till. I själva verket har de präglats av Sverige.

Du kanske bara ville kallprata, vädret känns så förlegat och det som låg närmast till hands var då personens utseende. Testa andra frågor om du verkligen vill lära känna personen: Vad gör du på fritiden? Vad tycker du om för mat? Dansar du också framför spegeln? Jag snackar perfekt franska på fyllan, vilket språk snackar du flytande på fyllan?

"Män vill bli kladdade på"

Jag sitter med min tjej och kollar på det nya tv-programmet **Total Blackout** och får bevittna Sveriges dubbelmoral. In går en kvinna i ett bäcksvart rum där fyra män i olika åldrar står. Hennes uppgift är att ta reda på i vilken ålder de är. Man kan tycka att det räcker med att kanske känna på händer, armar, kanske ansiktet och möjligtvis uppskatta längden om det skulle vara någon som var sex år. Vad gör hon? Hon kollar om det är en man eller kvinna genom att känna på deras könsorgan. Uppgiften var att kolla ålder, inte kön. Varför kommer kvinnor undan med kladd på män? Samma sak var det i **Hollywoodfruar** där de sextioåriga damerna hade hyrt in tre manliga strippor som kunde ha varit deras söner. De kladdar på dem med långt ifrån en moderlig anda. Hade scenariot med **Total Blackout** och **Hollywoodfruar** varit tvärtom så hade Sverige fått moralpanik."

LENNART, TRÖTT PÅ DUBBELMORAL OCH TANTSLEM

Det här har med generaliseringar och fördomar att göra. Jag förstår Lennart till fullo. Tänk om det hade varit en man som klev in i rummet i *Total blackout* och fyra kvinnor som stod därinne. Mannen trevar sig fram i mörkret. Tar på den första kvinnan. Först brösten för att se årgång: ”De här är inte äkta, så det är svårt att avgöra. Hö hö!” skrockar han och fortsätter till nästa. ”Hmmm, man eller kvinna, vi känner väl efter. Hoppla, japp här var det en snippa mellan benen.” Han hade inte kommit undan, kvinnorna hade nog avfyrat en och annan örfil, men varför ska männen tåla en sådan behandling? Stöter du på tantslem så har jag två saker att säga till dig: (1) du är inte ensam och (2) sätt gränser.

Jag tror inte vi ens kan föreställa oss hur många män som blir sexuellt trakasserade för att de inte blivit fostrade att sätta gränser. Inte bara för att samhället har skapat en falsk bild av att män ska gilla kladd. Det slutar inte där, det finns även en bild av att det är män som förtrycker kvinnor, så är det något fel så är det på – honom! Allt blir så snedvridet när vi utgår från att förövarna av härskarteknik enbart är män. Jag tänker på Mattias som vi träffade i början av boken. Han hade känt sig utfryst av sin nya familj, men inte haft förmågan att säga det eftersom familjen hade klandrat honom för att vara härskaren. ”Det tedde sig på något märkligt sätt naturligt eftersom jag var man ...”, sa Mattias till mig och skakade på huvudet över hur dumt det lät när han satte ord på det.

Är du man och läser den här boken så släpp stereotypen om ditt släkte. Det finns våldtäktsmän, det finns gubbslem, tantslem, mobbare. Du tillhör inte något släkte, du är en person. Så varje gång någon försöker dra ”manssläkte-kortet” på dig – säg: ”Min könstillhörighet ger mig ingen speciell egenskap lika lite som en kvinna automatiskt skulle gilla rosa. Så låt oss prata om problemet istället.”

Vissa kvinnor kan inte tro att män jobbar för jämställdhet.

Eftersom mannen länge har ansetts som den självklara förövaren när det gäller förtryck får han betala med just det vi vill bekämpa – förtryck. Ödets ironi? Snarare en härskarteknik. En negativ, stereotyp bild av mannen gör att han inte kan komma ut ur förtryckarfacket eftersom ett gäng kvinnor trycker ner honom där. Det är ju hemskt om en man inte har rätt att känna sig sexuellt trakasserad för att normen säger att han är en sexgalning.

"Hon kladdar – tantslem!"

Jag tycker mig ha blivit utsatt för härskartekniker av kvinnor när jag har pratat om jämställdhet. Det är som att jag som man inte får kämpa för kvinnors rätt. I diskussioner blir jag förminskad genom att mina ord och erfarenheter inte tas på allvar. Det är som om jag vore Hitler som kämpar för judars rättigheter. De köper det inte. Så fort jag pratar säger kvinnorna att jag tar för stor plats. Jag får ta mycket skuld för det andra män har gjort. Blir en kvinna våldtagen kan de prata om "manssläktet" och även om de inte menar mig så tillhör jag manssläktet, men vi är inte alla av samma sort. Jag har fått känna på dubbel bestraffning genom att jag blivit misstänkliggjord när jag jobbat med feminism och beskylld för att vara mansgris när jag inte gjort det.

Äldre kvinnor har omedvetet använt sexuell härskarteknik genom att ta på mig och kränka min kroppsliga integritet. Hade det varit gubbar som tagit på en ung tjej hade det blivit ett himla liv. Jag vågar inte säga något när kvinnorna tafsar eftersom det inte finns en självklar konfrontationsteknik mot äldre kvinnor.

RAYNAZ

Det jag fann mest intressant i Raynaz berättelse var de äldre kvinnorna som tafsade på honom. En äldre herre som besvärar yngre kvinnor ter sig kanske mer självklar för många än en dam som besvärar ynglingar. Det är två problem med denna bild av kvinnan och mannen. Mannen ska vara en sexgalen figur som tänker med de nedre regionerna, så han skulle väl aldrig bli störd av att någon tafsade på honom utan snarast glad? Så är givetvis inte fallet. Tantslem: dags att ta bort tassarna från männen!

TIPS TILL RAYNAZ Ställ frågor av typen: ”Tar du mig inte på allvar för att jag är man?” Det är en konkret och berättigad fråga.

När det gäller kladdandet så säger jag samma sak som jag sa till Lennart: ”Dra gränser.” Ta ett steg tillbaka och säg: ”Ta inte på mig när du pratar.” Alla har sina gränser, du har rätt att dra din.

TIPS TILL "TANTSLEM" Regeln är ganska enkel. Ta inte på en man på ett sätt som du inte vill att någon okänd eller någon som du inte har ett intimt förhållande med skulle ta på dig. Visst, det finns toyboys, det vill säga män som gillar äldre kvinnor. Men – it takes two to tango. Rör inte vid någon som inte vill dansa.

"Pensionärer är barn"

Jag är åttio år gammal men pigg i både knopp och kropp. Något som har kommit med ålder är en hel del vishet och livserfarenhet. Problemet är att det inte verkar vara många som tror det om oss äldre. Jag vet inte när det här hände, men folk pratar med oss som om vi vore små barn. De kvittrar fram budskapet som om man vore fem år eller lätt förståndshandikappad. Det är ett egendomligt beteende som jag aldrig kommer förstå.

ALVA

Vi ändrar vår röst väldigt mycket beroende på vem vi talar till. Jag hör hur min farfar, min bror, mina vänner och nästan alla, oavsett kön, gör det. Att anpassningen av tonläget beror på sinnesstämning, kultur och ålder kan vara en idé. Men varför anpassa rösten till äldre personer? Varför gå upp i ton när du pratar till en kvinna? Det kan finnas motiv som att du inte vill verka hotfull eller flirtig, men beroende på sammanhanget finns risken att hon (i det här fallet) känner sig lite dum. Allt är relativt, men är det ett mönster att du pratar med ett ljusare tonläge när du tilltalar äldre personer så fråga dig varför och om det är värt konsekvensen att han kan känna sig förminskad. Min farfar är nittio år och han bekymrar sig inte över att folk pratar i falsett. ”Min försämrade hörsel har gjort att jag ändå inte hör den frekvensen, tack och lov!”

Samma tendens finns i bemötandet av personer som inte pratar perfekt svenska, som har en brytning eller ett mindre ordförråd. Ibland kan de uppleva att de blir tilltalade på samma sätt, med huvudet på sned, ögonbrynen högt uppdragna och en röst som kittlar falsetten. Precis så som folk pratar med barn. Inte konstigt att man efter ett sådant bemötande gör som min mamma gjorde: gick fram till spegeln, tittade skeptiskt och frågade högt ”Elaine, ser jag ut att vara lite korkad?”.

”Svarta trivs bra i naturen”

Det mest bisarra jag har fått höra kom från en släkting på min svenska sida, som trodde att jag genetiskt måste trivas väldigt bra i naturen. Jag svarade: ”Vad lustigt att du tror det. Jag bär ju också genetiskt alla handväskor på huvudet, äter bananer till frukost och gillar att springa barfota till jobbet. Hur mår du?”

SARA

Filmer från fyrtiotalet, trettiotalsbarnböcker och andra tidsbundna företeelser kan vara förklaringen till Saras erfarenhet. På den tiden var det svarta facket ännu smalare än det är nu. Det är inte bara landet som sätter prägel på vår omvärldsuppfattning utan också det decennium vi föddes i. Det finns många generationskulturer, och de påverkar mer än vi tror. Vi har åttio- och nittiotalister som blivit internet- och smsgenerationerna. Vem vet vad som kommer i framtiden? Vi vet i alla fall hur det har sett ut och det kan ge viss förståelse för kommentaren Sara fick.

TIPS TILL SARA Han eller hon som antog att du trivdes bra i naturen blir förmodligen inte klokare av dina sarkastiska kommentarer om bananer som morgonmål eller handväskor på huvudet. Spegla situationen genom att fråga varför personen tror att du skulle göra det.

TIPS TILL EN INTELLEKTUELLT AVLÄGSEN SLÄKTING Du kan säkert säga tusen saker om Sverige. Hur mycket kan du säga om Uganda? Om det är mindre än tio saker så råder jag dig att vara försiktig med att värdera landet eller folket därifrån. Detsamma gäller andra kulturer, länder och sexuella läggningar. Kan du säga mindre än tio saker om något som tillhör dessa tre kategorier så håll tyst om dem. Risken är stor att du kommer att uppfattas som fördomsfull. Försök att undvika spontana kommentarer om en persons vanor och eventuella trivsel i naturen när du inte känner henne.

"Är du flata, men du är ju snygg!"

Jag satt på en bar och väntade på min dejt iklädd min turkosa klänning från Guess och en brunt skärp. Jag var där först, aningens pirrigt - det var ju trots allt en blinddejt. Jag hade en snyggdag, det märktes på all uppmärksamhet jag fick. Mot mig kommer en lång mörkhårig "hingst" med kåt blick. Inte min dejt. "Är du här alldeles själv?" inledde han. Klassisk fras, men jag skakade bara på huvudet: "Jag är här med en annan tjej." "Jaha, sitter ni här alldeles själva?" sa han, och precis då kom hon in. Hon hade också en snyggdag, jag var inte ensam över att stirra på henne. Jag pekade på henne och viskade till mannen: "Vi är med varandra, hon är min dejt." Mannen fick en glädjechock, tittade på oss, skrattade och sa: "Så ni är flator, men ni är ju snygga!!" Jag fann mig snabbt och sa: "Ja, och du är heterosexuell och ful. Precis som man förväntar sig."

LINA, SNYGG FLATA

Det finns inte så mycket mer att säga än att Lina skötte det här väldigt snyggt trots att mannen förmodligen fick känna sig ful. Den stereotypa uppfattningen av homosexuella kvinnor är att de inte är så traditionellt kvinnliga. Men när jag tittar på Eva Dahlgren och Efva Attling så ser jag två strålande kvinnor. Eller talkshowvärden Ellen Degeneres och hennes fru, inget fult med dem. Problemet är att de som tror att lesbiska tjejer ser ut på ett visst sätt eller beter sig på ett visst sätt får rätt. Varför? Jo, för att de registrerar endast dem som uppfyller bilden de har om homosexuella kvinnor. Det går vackra "vanliga" kvinnor förbi dem varje dag som är homo- eller bisexuella. Men det märker inte härskaren eftersom de inte ser ut som lesbiska kvinnor. Samma sak med dem som tror att homosexuella män är fjolliga. De går förbi en massa machomän som är bögar, men de registreras inte. Det är allt.

"Bögar är fjolliga"

> Jag skulle kunna berätta omständigheterna, var jag var och vilka som var där. Men eftersom jag och många andra har hört meningen så pass många gånger räcker den: "Jag trodde verkligen inte du var bög. Du är ju inte ett dugg fjollig."
>
> SIMON

Att vara bög påverkar inte bara intressen och sexdrift utan också jargong. I alla fall om man ska tro fördomarna. Om du är bög så *är* du fjollig. Bög har fortfarande bara med killars intresse för killar att göra, ändå dras ofta slutsatsen att bögar är fjolliga. Hur kommer det sig egentligen? Kan det vara för att de har något gemensamt med heterotjejer, nämligen intresset för killar, och måste därför bli vad som traditionellt ansetts vara "tjejigt"? Visst finns det bögar som är fjolliga, men jag har minst en heterokille i min vänskapskrets som är fjollig och några heterotjejer också. Är de bögar då? Och någon som är som Clint Eastwood till sättet kan inte vara bög, eller?

Hurdan är en heterosexuell person? Vad finns det för jargonger, intressen och sexdrifter knutna till heterosexuella? Inte särskilt många, eller hur? Jag har aldrig fått höra: "Men Elaine, är du heterosexuell och retorikkonsult/författare/dansare/föreläsare?" Här ifrågasätts Simons jargong på grund av hans sexualitet. Vad svarar man på det?

TIPS TILL SIMON Bli inte arg, personen kommer från en homogen vänskapskrets och saknar perspektiv. Berätta lugnt och fint: "Nej, mitt intresse av killar påverkar inte min jargong eller personlighet. Det finns bögar som är fjolliga, men det är inte för att de är bögar utan för att de är sig själva. Du har säkert en hel del fjolliga heterosexuella kill- och tjejkompisar också."

TIPS TILL "VANDRAREN I FJOLLTRÄSKET" Fundera riktigt noga på frågorna jag kommer att ställa dig nu. Hur många av dina val i livet har du gjort för att du är heterosexuell? Hur mycket präglas ditt sätt att vara gentemot din omgivning av ditt intresse av det motsatta könet?

Inte särskilt mycket, om något alls, gissar jag. Varför tror du att homosexuella skulle vara annorlunda? Du kanske har träffat många fjolliga bögar. Men jag kan slå vad om att du har träffat ännu fler homosexuella som *inte* är fjolliga. Du har bara inte registrerat dem för att (1) sexlivet är inte det första man kallpratar om, och (2) dessa ofjolliga bögar uppfyllde inte din stereotypa bild av bögar och därför antog du att de inte var det.

För att bryta din stereotypa uppfattning om homosexuella föreslår jag en övning du kan göra för dig själv om du ser någon som enligt dig omöjligt kan vara homosexuell. Tänk då: *Bög!* Men tänk det bara. Bögar kan vara mer än Village People och YMCA. Ansträng dig för att inte vara så himla förvånad. Tänk dig själv om alla skulle bli överraskade för att du inte har med dig en kamera vart du än går, och utbrister: "Men är inte du japan?!" Visserligen skulle folk ha fått en ny insikt om japaner. Men du skulle klara dig minst lika bra utan vetskapen om personens förvåning över att du inte släpar runt på en kamera överallt. Det är inte självklart att alla bögar är bekväma med de positiva fördomar som finns om dem. Ett behov och en önskan att vara sig själv oavsett sexualitet är inte något konstigt. Man är inte trevlig bara för att man är bög. Som min kloka vän Dennis sa till mig: "Jag är bög för att jag gillar killar. Jag är trevlig för att jag är jag."

"Vem av er är mannen?"

Jag och Lina, min fru, var tillsammans på en fest. Stämningen var trevlig tills min nya arbetskamrat Sara kom fram till oss med sin man Andy. Hon morsade på mig först: "Hej Karin! Åh, är det här din fru Lina som du pratat så mycket om?" Lina log glatt reste sig upp och tog Saras hand som samtidigt skrattade och utbrast: "Oj, stadigt handtag! Jag antar att det är du som är mannen i förhållandet!" Självklart kom jag inte på något att säga då. Jag hade lust att köra in ett finger i samma öga som Sara blinkade klämkäckt mot min fru med. Hade lesbiska kvinnor behövt en man i förhållandet så hade vi inte varit lesbiska. Den heterosexuella hjärnan behöver verkligen tänka utanför man eller kvinna-boxen.

KARIN, TRÖTT PÅ PLUMPA UTTALANDEN

Jag har en hel del vänner som är homosexuella. Men det här med att hitta mannen i ett förhållande där två uppenbarligen är kvinnor, känns för mig riktigt knasigt. Vad skulle Karin ha gjort?

Ibland är pedagogiken att säga som det är inte den bästa för att få en sanning att sjunka in ordentligt. Så jag hade föreslagit ett av följande alternativ:

Det politiskt korrekta alternativet:

SARA: "Jag förstår att det är du som är mannen i förhållandet!"
KARIN: "Varför tror du att hon är man?"
SARA: "Hon har sådant stadigt grepp."

KARIN: ”Tänk att det kan man ha och vara kvinna.”

SARA: ”Ja ja, men jag menar bara att hon är mannen, i ert *förhållande.*”

KARIN: ”Sara, det finns ingen man i *vårt förhållande.* Vi är två kvinnor.”

Det lite fräckare alternativet:

SARA: ”Jag förstår att det är du som är mannen i förhållandet!”

LINA: ”Jaså, det tror du.”

SARA: ”Jajjamen!”

LINA: ”Och vem är mannen i ert förhållande?”

SARA: ”Men det var väl lite fräckt, du ser väl att Andy är man.”

LINA: ”Och du ser väl att vi är kvinnor.”

Det fräckaste alternativet:

SARA: ”Jag förstår att det är du som är mannen i förhållandet!”

LINA: ”Och jag förstår att det är du som är kinesen i förhållandet.”

SARA: ”Eh ... jag är svensk!”

LINA: ”Och jag är kvinna! Trevligt att råkas!”

Den här är inte för att sätta personen på plats utan för att få Sara att förstå att hon gör fel genom att framkalla samma känsla som hon orsakade. Det kanske låter taskigt, men med tanke på vad vi räddar henne från att göra i framtiden så är det snarare en tjänst. Orkar jag så brukar jag köra metoden med folk som säger att jag pratar bra svenska. Jag svarar helt sonika ”tack, det gör du också!”. Då framkallar jag förvåningen de orsakade mig och får svaret ”men jag är svensk”. Och jag svarar ”jag med, vad skoj, då har vi även det gemensamt!". Ord är ord, men kan du koppla en känsla till orden så får du förståelse.

TIPS TILL SARA Gå inte efter din egen livsmall, det blir väldigt svårt att komma nära andra personer då. Det kanske finns jobb, kläder, partners som du inte uppskattar men gör de andra personer glada så låt dem vara glada. I förhållanden så kanske du tycker att det ska finnas en kvinno- och en mansroll. Men faktum är att det finns andra mallar i förhållanden – utgå inte från dig själv, utgå från dem du träffar. Lägg inte ens energi på att fundera på vem som är man eller kvinna i förhållandet. Svaret är uppenbart och rollerna du försöker projicera var till och med förlegade på nittiotalet, så låt oss gå vidare.

"Yo girl, skönt att ha en sista' här!!"

Jag var på kräftskiva där en bekant hade tagit med sig en kompis som hon trodde jag skulle klicka med direkt. Jag tyckte det var spännande att se vad det skulle vara för någon. In kommer en mörkhyad kvinna, som jag, med långt lockigt hår som jag, alldeles sprudlande, inte precis som jag eftersom jag är en blyg person. Hon visar high five i luften och jag slår lätt men osäkert mot den när jag hör henne säga: "Yeah girl! Yo girl! Det är så skönt att ha en sista' här! So what's happening, tell me about your life?!" sa hon och dunsade ner bredvid mig. Vår gemensamma bekant vinkade glatt mot oss, helt försäkrad över att hon hade förenat två tvillingsjälar när vi egentligen bara var mörkhyade båda två.

WENDELA, SOM ALDRIG KOMMER
ATT FÖRSTÅ SIG PÅ SISTA'-GREJEN

Att förenklas till sin hudfärg är inte lätt. Men att svarta personer förenklar sig själva till sin hudfärg är ännu svårare, de bekräftar fördomen om dem till andra och de svarta individualisterna får svårare att bevisa att de är mer än sin hudfärg. När jag var i New York så lyssnade jag på ett seminarium där Eva Mendez deltog. Hon förklarade hur svårt det var att få roller som inte innebar att hon bidrog till att befästa stereotypen om "latino woman". Hon tittade på publiken och förklarade problematiken i filmbranschen: "Jag fick inte rollen som en kvinna i England på 1800-talet. Och argumentet för att jag inte skulle få rollen var just att rollen var en kvinna i England på 1800-talet. Min fråga blev helt sonika 'så det fanns inga bruna kvinnor i England på 1800-talet'. Det hade de inte svar på för de sökte folk som kunde uppfylla deras fördomar istället för att göra en bra film." Samma sak är det med svarta personer som "Shanaynay"-rollen där kvinnan vickar sidledes på huvudet och fnyser med "uhhhm" när någon *annan* säger något smart. Samma sak med svarta män som får säga "yeah" barskt när någon annan säger något smart. Stereotyperna finns överallt. Svarta basketspelare, hiphopartister. De pratar engelska med varandra och då ska det falla sig naturligt att två svarta i Sverige ska prata engelska med varandra trots att en har föräldrar från Etiopien och den andra från Haiti. Och det värsta av allt – båda pratar svenska. Att motverka stereotyper är svårt när det finns folk som ger upp och uppfyller dem helt och hållet. Men det är knasigt att tro att folk som har vissa gemensamma nämnare utseendemässigt skulle vara själsfränder. Hur skulle det se ut i andra sammanhang om du var värd eller värdinna för en fest och sa:

”Åh Hannes är också bög – prata med honom!”

”Åh där är Anna, hon är blond som du. Iväg och lek med henne!”

”Åh Kalle är svensk som du, ni har säkert massor att prata om. Ikea, knäckebröd, snö! Gud så kul!”

”Peter är man som du, ni kan väl prata om bilar eller något trevligt. Åh, så skoj!”

TIPS TILL WENDELA Ställ din vän en välmenad och genuint nyfiken fråga: ”Varför trodde du att jag och din väninna skulle klicka?” Det är allt du behöver. Godta inte ett ”jag vet inte” utan fortsätt fråga. Om hon inte vågar svara så säg: ”Jag misstänker att det är för att vi båda är mörkhyade och hur mycket folk än vill tro det så sitter inte karaktärsdragen i vår hudfärg lika lite som två homosexuella skulle komma bra överens bara för att de har en gemensam nämnare – att gilla folk som har samma kön. Och då har de ändå en större gemensam nämnare än den jag och din väninna har – samma hudfärg.” Wendela, det må vara en knäpp på näsan men hon kommer inte göra om misstaget igen efter din ärliga förklaring. När det gäller den andra mörkhyade väninnan så kan du bara fråga varför hon pratar engelska. Men gå inte för hårt åt henne. Det bottnar säkert en osäkerhet i henne då hon har hämtat sin identitet i en stereotyp om svarta.

”Vaaa? Kan du prata?!”

Att vara rullstolsburen är egentligen inte den största bördan. Det är fördomarna mot oss som sitter i rullstolarna. En ”incident” jag minns var när jag var på Gröna Lund i yngre dagar. Då fick jag se en kvinna av grövre modell komma springande mot mig med sina ungar i släptåg. Jag såg tydligt att hon såg mig, lik förbaskat så gick hon rätt in i mig. När jag började protestera mot den något omilda behandlingen så stirrade kvinnan på mig som för att säga: "Vaa? Kan du prata?" Och sedan travade hon vidare utan ens ett ord till ursäkt.

GRUNDARE AV FACEBOOKGRUPPEN
"DET HETER FAKTISKT RULLSTOLSBUREN, INTE RULLSTOLSBUNDEN"

När jag läser det här känns världen mörk. Tänk att det finns tillfällen då retorikkonsulter blir mållösa.

För det första vill jag beklaga alla rullstolsburna dessa kommentarer som ni förmodligen utsätts för varje dag. Jag fick en sådan kommentar när jag beslöt mig för att ha med exempel om en rullstolsburen i den här boken. Då sa en person: "Oj då! Så politiskt korrekt!" Men det är inte politiskt korrekt att ta med en rullstolsburens exempel på härskarteknik, det är ett exempel på en härskarteknik. Och när jag jobbade som personlig assistent under mina studieår fick jag se många exempel på det, som att butiksbiträden pratade med mig istället för mannen som jag var personlig assistent till – trots att det var till honom vi handlade. Men för att de här personerna ska komma in i din värld så får du helt enkelt hjälpa dem att sätta sig i din rullstol mentalt.

TIPS TILL RULLSTOLSBUREN Nu var du väldigt ung när det här hände, men händer det igen så säg: "Om du hade suttit i min rullstol – hade du tappat talförmågan då?"

HON: "Nej, men jag sitter inte i en rullstol."
DU: "Det gör jag och du hör att jag pratar."
HON: "Men det kunde inte jag veta."

DU: ”Nej, det kunde du inte lika lite som jag kunde veta att du kunde prata. Det finns ju stumma som kan gå! Jag vill inte göra dig arg, jag vill göra dig uppmärksam på att när en person sitter i en rullstol så betyder inte mer än att han sitter i en rullstol. Dra inga längre slutsatser, för det sårar. Och en rullstolsburen tar lika illa upp över att du går in i honom som en person utan rullstol. Oavsett om han kan prata eller inte.”

Många vet väldigt lite om att vara rullstolsburen. Även om det är självklart för dig så förklara så att de inte gör om misstaget igen. Du gör dem en tjänst.

Nu kära läsare har du hört syndaren predika. Jag säger ju gång på gång att man inte ska bli arg på härskarna, men så blir jag det själv. Jag är precis som du – människa. Men för att vara en större människa när andra gör bort sig så brukar jag tänka tillbaka på när jag själv har gjort bort mig. År 2007 tog jag en kurs afrikansk dans i New York. På väg upp i skyskrapan där Djoniba Dance Center ligger hade jag sällskap i hissen av en kostymherre. Han såg ärligt talat ganska stiff ut med sin portfölj och vad jag tyckte framstod som en stelopererad rygg. Konstigt nog gick han, precis som jag, av på nionde våningen där dansstudion låg, och skulle visst in på samma dansklass som jag! Mitt coolhetskomplex sa att han rent modemässigt inte var hemma när han klev in i salen med sin bandana runt huvudet likt en karaktär tagen ur *Fame*. Men hans stelopererade rygg blev till välkokt spagetti och han kunde dansa bättre än någon annan där inne. Hur var det möjligt? ”He's probably gay”, gissade många. Men ingen misstänkte att Djoniba Mouflet, han som var vår danslärare, var bög. Varför det? Jo, för han är ju svart! Det fick mig att inse hur snedvridna våra fördomar och stereotypa fack är. Kostymnissen som vågade kliva ur sitt fack visste nog att fördomarna skulle finnas, men dansade ändå. Eftersom jag trodde att han var bög så fick jag mig en rejäl tankeställare när han i slutet av kursen stod och kramade sin fru. Jag måste ha sett ganska paff ut för kostymnissen kom fram till mig, men istället för att bli förnärmad eller arg så frågade han bara försynt: "Du trodde att jag var bög, va?" Kanske blir nästa projekt jag tar mig an "sambaklasser för vita heterosexuella män". Eller så tar jag med mig den här händelsen och mannens ödmjuka konfrontation till nästa gång jag känner för att bli arg på en härskare. Så för att du inte ska tappa fattningen så vill jag att du tänker på ett tillfälle då du råkat härska över någon och personen har bemött dig diplomatiskt. Skriv ner det här:

....

....

....

Tänk på det varje gång du känner för att explodera över att en person inte tänker lika självklart som du. Det kan hjälpa dig att vara nyfiken istället för arg.

"Gillar han inredning så är han förmodligen bög"

Jag är singel och har varit det ganska länge. Jag dejtar inte särskilt mycket eftersom jag inte fattar "spelet" eller tycker det är särskilt roande. Ska jag inleda en relation måste jag gå in för det till hundra procent. Jag trivs rätt bra själv än så länge, och träffar jag någon är det inget jag basunerar ut. Mitt stora intresse är inredning och det är något jag pratar väldigt mycket om. Kombinationen singel, integritet och inredningsintresserad känns för mig som något som resulterar i slutsatserna "glad, sund och han har en hobby". För andra blir det "bög", något som jag tidigare brukade invända mot eftersom det inte är sant. Men med det ständigt ökande antalet bögmisstankar riktade mot mig i jobb och privatliv så har jag gett upp. Det är ju trots allt accepterat nuförtiden. Problemet är att alla undrar när jag ska kliva ut ur garderoben.

BL

Många män störs av mansbilden som de och många andra inte kan leva upp till. Det har dels med generationskultur att göra. En herre av den äldre generationen var fascinerad av åttiotalisterna och konstaterade inför en av mina vänner: "Din generations män kramar varandra, det kom aldrig på fråga på min tid." Ifrågasätt mansbilden som din omgivning håller upp. Kan du inte leva upp till den bilden är du inte mindre man, utan mer *du*. Det är det bästa man kan vara: sig själv. Könet kommer på köpet, det vore konstigt om det präglade hela din jargong – det ska din personlighet göra.

Författaren Bob Hansson beskriver på sin hemsida problematiken med mansidealen och ifrågasätter var idealen kommer från.

"Vad strävar vi män efter och vem satte idealet för oss?"

Vi som varken är direktörer eller fotbollsproffs, vi känner inte igen oss i den bild feminismen målar upp, att det är män som tillåts framgång. Vi som står där på krogen och inte har fått vara nära en kvinna på månader eller år, hur överlägsna känner vi oss? Vi som inte klarar av att se en kvinna i ögonen och säga att vi är kåta, av rädsla för att uppfattas som desperata drägg som bara tänker på en enda sak. Vi som blir skräckslagna när någon vän bryter ihop eller går in i väggen, och det enda vi kommer på att göra är att bjuda på en öl. Det behövs fler manliga nätverk än de som handlar om sport eller karriär. Det behövs manliga nätverk som gör vår längtan tydlig. Längtan efter den trygghet som inte försvinner när man får sparken, längtan efter den kraft som inte smulas sönder om kvinnan lämnar en eller inte ens dök upp.

Jag har varit med i ett par mansgrupper. Vi har inte sprungit i skogen och slagit oss på bröstet. Vi har helt enkelt satt oss ner och varit där, rakt upp och ner med allt vad det innebär att vara man, alla dessa förväntningar man inte har en aning om var de kom ifrån men ändå försöker leva upp till.

Är du en av dem som trots att du satt alla bollarna i krysset, tjänat in miljonerna och lägrat kvinnor i långa rader inte klarar av att blotta din osäkerhet för andra män, så föreslår jag att du gör samma sak. Det är dags att vi möter varandra. Att vi tar del av varandras erfarenhet. För jag tror att vi behöver den.

BOB HANSSON

TIPS TILL "MANNEN I GARDEROBEN" Var dig själv. Tycker folk att du är bög bara för det så kanske "bög" inte är så dumt. Du kan hur som helst ifrågasätta vem det egentligen var som befäste parallellen mellan design och bög.

TIPS TILL "MANSEXPERTEN" Män är komplexa varelser, varför förenkla det som är komplicerat? Varför krångla till det som är enkelt: män är mer än, och ibland inte alls, macho.

Konsekvensen av att bryta mot förväntningar – skräddarsydda titlar, benämningar och värderingar

”Bra svenska” är en skräddarsydd värdering. Det är om du inte ser ut som en stereotypisk svensk och mot förmodan talar felfri svenska. ”Manlig” kan vara det om du är bög och därför förväntas vara fjollig. Alla värderingar måste sättas i relation till situationen. Men säger någon ”vad manlig du är” och låter förvånad, så fråga varför. När personen ifråga berättar att hon trodde att bögar var fjolliga så har hon själv visat sina fördomar utan att du har behövt påpeka dem.

En mulatt (eller annan person med en annan eller delvis annan etnicitet i sig) som pratar och beter sig som en svensk benämns nästan aldrig som svensk. Istället säger många ”försvenskad mulatt”. Jag vet inte vad som är fel med ”svensk”: det är ett kortare ord, går betydligt snabbare att säga och ligger dessutom närmare sanningen.

Det hela är egentligen ganska bisarrt. Lever du inte upp till facket du placeras i så är du antingen ett undantag eller lika med det fack vars egenskaper du har (fjollig man blir bög). Det är skrämmande när utseende blir synonymt med egenskaper. En vän sa till mig att jag kan ”spela blond” ibland, och det användes synonymt med korkad. Tänk om jag skulle säga:

> ”Du kan vara så svart ibland.”
> ”Vad menar du?”
> ”Du dansar så bra.”

Logiken är inte direkt överväldigande, så vi kan aktivt lägga ner den användningen av sterotypmetoden även när det gäller blonda personer, och alla andra kategorier. När vi ändå är i farten kan vi granska oss själva och våra tendenser till att använda den stereotypa metoden. Hur många utseenden, nationaliteter och andra kategorier förknippar du med vissa egenskaper? Rubba dina tankebanor! Vi är i grund och botten individer. När folk frågar mig om jag är kristen så brukar jag svara: "Är George W. Bush kristen? För då är jag något helt annat." Bakom varje kategori och i varje stereotypt fack ryms miljontals individer och de är inte tvillingsjälar på något sätt.

Kännetecken för stereotypmetoden

Stereotypmetoden innebär att du bestraffar eller negativt särbehandlar den som gör något utöver eller mindre än det som förväntas av det stereotypa fack hon eller han passar i. Det är när du blir mer eller mindre trovärdig på grund av eller tack vare det stereotypa fack du tillhör. Är du vit man som ska undervisa i samba kan du bli mindre trovärdig på grund av den stereotypa bild av en sambadansare som många har. Är du kvinna och ska undervisa i teknik kan du ibland tas på mindre allvar. Likaså kan en man som inte är ett dugg teknisk anses vara märklig.

Det blir en härskarteknik när du inte tas på allvar på grund av den sterotyp eller det fack du placeras i. Det kan vara enligt normskalan eller en annan skala på ditt jobb, i ditt land eller i familjen. Det blir en härskarteknik när du missgynnas på grund av det som "en sådan som du *borde* vara".

Det finns ett retoriskt begrepp som du kan ha användning för när du blir placerad i ett fack, nämligen *synekdoke*. Enligt retoriken har stereotyper likheter med synekdoke under förutsättningen att det vi förenklar och stereotypiserar är en del av sanningen. José Luis Ramirez är professor i humanvetenskaplig handlingsteori. Han beskriver synekdoke på följande vis (Retorikkollegiet, seminarium 9 maj 2007):

”Enligt retorikhandböckerna begår vi en *synekdoke* när vi överför helhetens benämning till någon av dess delar (*pars pro toto*) eller också från ett enstaka element till den helhet i vilken detta element bara är en del. Det klassiska exemplet är när vi talar om 'segel' istället för att säga 'båt' (*ett segel gick uti havet*) eller när vi säger 'kronan' istället för 'kungahuset'.”

Kulturellt begår man en synekdoke när man beskriver svenskar som blonda. Det är en del av sanningen, men inte hela.

Och eftersom världen inte behöver eller har kapacitet att förhålla sig till hela sanningen, att till exempel svenskar är mycket mer än så, nöjer vi oss med en förenklad sanning. Vilken sanning vi tilldelar gruppen präglar vår attityd gentemot den. Sverigedemokraterna har valt att benämna invandrare som en belastning för Sverige då de, enligt sverigedemokraterna, är kriminella och socialbidragstagare. Det är inte en lögn att det finns en del som är det, men det är inte hela sanningen, inte ens en stor del, det är till och med en bråkdel. Som Ramirez säger: ”Det ligger något i det sverigedemokraterna säger, men det är inte mycket.”

Stereotyper är inte en synekdoke. Stereotyper är en förenklad beskrivning av omvärlden som kan vara sann eller falsk eller både och. Synekdoke beskriver delen och låter det stå för helheten. Så om du är vit och någon säger ”du kan ju inte dansa, du är vit” kan du svara ”ja, du har rätt, det finns vita som inte kan dansa. Men jag är inte del av den sanningen utan en av de dansanta vita.”

Enligt forskare i psykologi är det svårt att få bort våra fördomar. Facken kommer alltså att finnas kvar. Men de goda nyheterna är att vi, enligt psykologerna, kan fylla facken med mer information. Är till exempel det stereotypa facket ”svensk” fyllt av blonda och blåögda så kan vi också fylla det med en och annan svart. Kanske inte helt fel med tanke på hur många mörkhåriga som talar svenska idag.

Därför förlorar du på att utöva stereotypmetoden

För att hitta kompetens till en arbetsplats, en sann vän eller sitt livs kärlek så kan man inte gå på yttre attribut. När det gäller det sistnämnda kanske många tänker att man måste väl ändå vara attraherad av personen. Men sitter inte attraktion rätt mycket i huvudet? Jag var jättekär i en lönnfet och tunnhårig jugoslav som förvisso visade sig vara ganska menlös. Men poängen är att hans utseende inte var det jag förälskade mig i, utan den han var då. Du kan inte gå på klädsmak, frisyr eller nationalitet för att hitta det du söker. Du måste gräva djupare än så.

Jag tänker på alla dessa homogena företag. Hur mycket kompetens de missar när de söker efter en viss form för den. Alla olyckliga singlar som missar sitt livs kärlek trots att den kanske har gått förbi varje dag men i ”fel” form. Du slipper många nitar och missar om du går djupare än dina generaliseringar om vilka folk är eller vad de kan.

Så ser stereotyphärskaren ut

Efter det här kapitlet så tror jag knappast att du väntar dig ett svar på hur han eller hon ser ut. Jag ska försöka ge dig en bild av härskaren. Hon skiftar i färg och ålder, han sitter ibland i rullstol, kan ungefär alla språk, ibland har han tjej och ibland kille. Kan du se henne eller honom? Nej, bilden är ganska skev. Ta fokus från härskarens fasad till det han eller hon säger så kommer du se att ansiktet skiftar.

Så hanterar du stereotypmetoden

Inom retoriken så finns det en undervisningskonst som heter *majevtik*. Det innebär att man istället för att berätta för eleven hur det är så ska man ställa rätt frågor som leder till att eleven själv inser svaret. Det är en bra hantering av stereotypmetoden. För att få stereotyphärskaren att förstå att hon är ute och cyklar så ska du ställa en nyfiken fråga, nämligen: ”Hur tänker du när du säger så?”

Men det finns varianter på frågan som kan låta trevligare:

”Vill du utveckla vad du menar med det, jag är bara lite nyfiken.”
”Vad handlar det om, berätta mer!”
”Jag förstår inte riktigt, men utveckla gärna.”

Nyckeln är att locka härskaren att svara, men det förutsätter att du inte låter arg utan nyfiken när du frågar. Och vem vet, svaret kanske överraskar dig.

En annan metod är att du bara tar upp ett skäl som får härskaren att tänka annorlunda. Låt mig ta ett känt exempel. När

Barack Obama kandiderade till att bli USA:s president så visste både han och hans rådgivare att hans utseende skulle väcka fördomar. Det var viktigt att den vita befolkningen fick veta att han inte bara var en representant för den svarta befolkningen utan hela det amerikanska folket. Hur gjorde han det? Jo, han drog upp ett skäl som fick dem att tänka annorlunda – hans mamma som råkade vara vit. Det är klart att han bryr sig om sin mamma och därmed vita personer. Det kan låta banalt och tragiskt att behöva bevisa något som borde vara självklart. Men det lyckliga är att eftersom vår hjärna förenklar så krävs det bara enkla skäl för att motbevisa fördomarna. Så vad tänker folk om dig? Har du något skäl som motbevisar det som de tänker och säger om dig? Ta upp det!

Nu har jag gått igenom tre härskartekniker med dig, projiceringsmetoden, komplimangmetoden och stereotypmetoden. Känner du igen dig i dessa? Har du blivit utsatt för dem eller utsatt andra för dem omedvetet? För att du ska kunna hantera dem på ett bra sätt i framtiden är det bra att du skriver ner när det hände och hur det tog form. Kommer du inte på något på rak arm så kan du återkomma till den här sidan när du sett exempel på dem.

Projiceringssmetoden:

....

....

....

Komplimangmetoden:

....

....

....

Stereotypmetoden:

....

....

....

När du har skrivit ner det är utmaningen att hantera härskaren – snyggt. I nästa kapitel lär du dig hur.

KONSTEN ATT KONFRONTERA HÄRSKAREN SNYGGT

Här har jag samlat ihop verktyg som hjälper dig att konfrontera härskare av olika slag. Om du känner igen dig så beror det på att en del saker förekommer även tidigare (och senare) i boken.

Ska man verkligen konfrontera en omedveten härskare?

Jag får ofta frågan om och hur man ska konfrontera omedvetna härskare. Dessa härskare verkar ju vara helt insnöade på sina metoder och totalt omedvetna om konsekvenserna. Man kan tycka att den som inte är medveten inte borde dömas eller konfronteras. Som Bibeln säger: ”Förlåt honom, ty han vet icke vad han gör.” Jag föreslår att vi ska frälsa den ovetande ”ty då får hon veta vad hon gör och skall icke synda mer”. Att inte veta att man härskar är inget skäl att inte få kännedom om det. Den som är omedveten härskare är oftast mycket bättre på metoden än en medveten. En dansare som tänker på minsta steg är inte lika bra som en som bara följer rytmen. Samma sak med en van bilist, hon kan köra utmärkt utan att riktigt förklara varför.

Jag har vid flera tillfällen fått höra att jag är en härskare. Men jag har fått veta det för att jag har frågat. När de utsatta har beskrivit min metod har jag kunnat placera den under komplimangmetoden: ”Du frågar så snällt och då jobbar jag gärna över, trots att jag inte borde.” Eller: ”Du talar så retoriskt och det känns som att om jag säger emot kommer du kunna övertyga mig i alla fall.”

Jag tyckte inte det var särskilt smickrande att få reda på att jag var en omedveten härskare, men med den vissheten kan jag göra något åt det. Och det gör jag ofta, mest med hjälp av min omgivning.

Först och främst behöver du öva upp två saker och det ena är att kunna sätta fingret på vad härskartekniker är. När du har läst hela boken kommer du garanterat kunna göra det. Sedan behöver du kunna behålla ditt lugn, härskaren är ju trots allt oftast omedveten om att han härskar. Jag tänker på Laurence J. Peter, amerikansk pedagog, som säger:

> Speak when you're angry and you'll make the best speech you'll ever regret.

Så ha som mål att du ska hantera de besvärliga typerna på ett bra sätt. Men för att du ska kunna ha förutsättningar för att göra det är det viktigt att du inte samlar på dig små irritationsmoment. Konflikträdda personer tenderar att göra det. Men tyvärr så blir konflikten, när den väl tas, inte särskilt snygg. Den blir istället exakt så som de fruktade – explosiv. En konflikträdd person kan också framstå som otrevlig eftersom en passivt förbannad person inte går obemärkt förbi, vi ser att något är fel. Problemet är bara att det blir fel väldigt länge om du aldrig tar konflikten. Så den ironiska situationen som konflikträdda skapar för sig själva är: Tar du inte konflikten så bevarar du den.

Men, alla konflikter är inte värda att ta. Många skulle behöva skippa att dra på sig offerkoftan då och då och istället agera teflon – låt det helt enkelt rinna av. Till er unga förmågor som läser boken så kan jag lova att det kommer med tiden. Man orkar till slut inte bli förbannad. Men hur vet man att man ska ta en konflikt eller inte? Ställ dig frågorna:

Vad skulle det kosta mig eller andra om jag tog konflikten?
Vad skulle det kosta mig eller andra om jag inte tog konflikten?

Gör en avvägning, du kanske kommer fram till att det kostar mer att inte ta den. Var inte bekymrad för det, du ska ju hantera härskaren snyggt. Kostar det en halv dags irritation så investera istället fem minuter och konfrontera personen rätt. Jag hjälper dig. Nästa steg är att se vad din roll är i situationen, för det är skillnad om en chef konfronterar en anställd, eller en kvinna konfronterar en man.

David eller Goliat

I riktigt svåra situationer säger kriskommunikationsexperten Paul Ronge att man ska fundera på om man är David eller Goliat. Är du chef och i konflikt med en anställd så blir du Goliat och kan inte ta i lika mycket eftersom du har ett automatiskt övertag. Den anställde däremot blir direkt den som slår underifrån och kan hjälteförklaras för sitt mod. Så en Goliat kan inte säga samma sak som en David. Då får David alla sympatier. Hur vet man om man är en David, eller en Goliat? Ta till exempel en medelålders man som ger sig på en kvinna i 25-årsåldern.

Ur betraktarens synvinkel kan han inte vinna den konflikten snyggt om han går till angrepp på ett otrevligt sätt. Han är större och starkare, Goliat, och borde aldrig gett sig på en ”mindre stackare”. David, däremot, kan ofta ta ut svängarna ordentligt. Han vinner nästan alltid på det eftersom han är ”mindre”.

Med andra ord så ”får” en ung kvinna säga ”gubbe”, medan en äldre man inte kommer lika lindrigt undan om han säger ”bimbo”. Så fundera alltid på om du är David eller Goliat, och anpassa ditt angreppssätt efter det. Att vara David eller Goliat betyder automatiskt inte att vara god eller ond. Det handlar mer om samhällets syn på den som talar. Den som har Davidrollen kan alla gånger vara ond. Han kan utnyttja martyrskapet för att vinna sympatier.

Jag kommer att gå in på just martyren längre fram i kapitlet. Men utifrån din roll inför härskaren får du forma din konfrontation.

Peka på vad härskaren har gjort – värdera det inte

Först och främst ska du lokalisera var din dåliga magkänsla kom ifrån. Var det ett ordval, ett tonfall eller kanske kroppsspråket? Det kan till och med vara en tystnad. Vi kommunicerar på så många olika sätt, det innebär att härskartekniker kan ta väldigt många former. Lokalisera det som väckte din irritation, sedan ska du helt enkelt fråga vad personen menade med det hon sa eller gjorde. Akta dig för fallgropen att värdera det personen sa eller gjorde. Många onödiga bråk utifrån härskarteknikerna börjar när den drabbade projicerar en intention i härskarens misstag. Säg att härskaren hånlog när du pratade. Ett mindre bra sätt att hantera det är att säga: ”Du är så arrogant när du hånler!”

Drar du den här slutsatsen så har du stängt för vidare diskussion, du har redan dragit en slutsats om intentionen – att härskaren ville håna dig och vara arrogant. Så ta bort värderingarna ”arrogant” och ”hån” så kommer du närmare målet. Säg istället: ”Nu ler du, är det något jag har missat?”

Här ger du en öppning för härskaren att förklara sitt leende. Det behöver inte alls ha de bakomliggande orsakerna du tror. Ställ därför frågan nyfiket – inte förbannat. Du kanske får svaret: ”Ja, förlåt mig. Men det du pratar om får mig att tänka på en annan situation jag var med om!”

Tro mig när jag säger att en nyfiken fråga istället för en värderande konfrontation kommer rädda dig från många framtida bråk.

Saker man inte riktigt kan sätta fingret på då?

Det är lite svårare. Det kanske bara är personkemin som inte stämmer. Du avskyr en person på jobbet men vet inte varför, det är *någonting* bara. Kanske är det ömsesidigt och ni får inte er kommunikation att fungera. Är det så att ni inte behöver ha med varandra att göra så är det toppen. Ägna dig åt folk du mår bra av istället. Men är det så att både du, personen och er omgivning skulle tjäna på att ni kom överens – då ska du ta tag i det.

Men det lilla kruxet är ju att du inte kan sätta fingret på vad som går fel. Ni blir bara irriterade på varandra. Då får du titta på konsekvenserna av att ni inte går ihop. Neutralt peka på det faktum som ni inte kan komma ifrån: Vi kommer inte överens. Sedan handlar det återigen om att undvika att värdera det som: Vi kommer inte överens för att en av oss är dum i huvudet, utan istället ställa en neutral, bekymrad men ändå välvillig fråga: ”Vad beror det på?” Då kan ni tillsammans komma fram till slutsatsen och delge varandra er syn på saken. Så gå fram till kollegan i all välmening: ”Du, har du lust att ta en kaffe med mig? Det är en sak jag skulle vilja fråga dig.”

När ni är själva så säger du: ”Jag vet inte om du har tänkt på det, men jag har märkt att vår kommunikation inte fungerar så bra. Och jag har inga direkta svar, snarare funderingar. Men jag tänkte ändå kolla med dig vad det kan handla om. Vi ska ju ändå jobba ihop och jag tycker, och tror säkert att du också gör det, att det skulle spara en hel del energi för oss båda om kommunikationen gick bättre.”

Självfallet ska du säga det här med dina egna ord, men det viktiga är att du tar bort alla värderingar till varför det inte funkar. Var lösningsfokuserad och framhåll att ni båda tjänar på att lösa det. Vill du locka personen att vara ärlig så försäkra henne om att du verkligen vill veta om det är något du har gjort fel.

”Berätta gärna om det är något jag har sagt eller gjort som du retar dig på. Det finns ingen prestige för min del, utan det vore bara bra om jag fick veta vad jag kan göra annorlunda.”

Det här har en viss karmaeffekt och bygger på skuldkänslor hos den du talar med. Det är en enkel psykologi, ger du något så kommer personen (undantag är de som har empatistörningar) känna sig skyldig att ge något tillbaka. I det här specifika fallet gör det att personen du konfronterar kommer vara öppen för att du ger henne kritik också. På nästa sida finns några neutrala fraser som du kan använda dig av i sådana här sammanhang.

”Vad handlade det som hände om?”

”Vad menade du när du sa det där, jag är inte säker på om jag förstod det rätt?”

”Hur tänkte du när du sa så?” (Akta dig för ”hur tänker du nu?” – det kan uppfattas som drygt.)

”Jag tror att något blev fel, och jag skulle vilja höra hur du ser på det?”

Nyfikenhet är nyckeln

Det är inte mycket vi vet med säkerhet. Att dra en slutsats med för lite kött på benen är en risk. Ta mina misstag som exempel. På en arbetsplats som jag jobbade på för några år sedan upptäckte jag att en kollega som annars varit riktigt trevlig mot mig helt plötsligt hade börjat undvika mig i korridorerna. Jag tyckte mig se att hon tog omvägar för att slippa möta mig. Hon som hade hälsat glatt tidigare tittade nu surt ner i marken när vi möttes. Jag hade kunnat agera enligt teflonmetoden om det inte vore för att jag faktiskt gillade henne och jag hade en dålig magkänsla hela jobbdagar på grund av hennes ändrade beteende. Jag samlade mod och tänkte att ”hon ska inte vara arrogant och mobba ut mig!”. Nästa gång hon undvek mig i korridoren så sa jag helt enkelt: ”Duuu. Om det är något du har emot mig så säg det bara! Gå inte runt och osa dålig energi och sluta hälsa. Det är riktigt otrevligt!” Jag kände hur jag bara blev mer och mer arg. Jag gjorde alla misstag, värderade hennes agerande istället för att fråga vad det berodde på. Kollegan tittade upp förvånat och jag såg att hennes ögon blev blanka. Skammen svepte om mig och jag kände att jag redan börjat ångra mig.

”Jag är hemskt ledsen. Jag har en pappa som precis har fått

ett cancerbesked, jag är inte riktigt mig själv just nu." Hon gick raskt ifrån mig och jag kände att jag blev fylld av skam och sorg för min kollegas pappa. Jag blev också förbannad på mig själv – varför kunde inte jag, retorikern, hålla truten?! Ånger, ånger, ånger. Tre veckor av ånger innan jag tog mod till mig och bad om ursäkt. En massa energi kan sparas om man tar konflikterna rätt och en massa bråk kan besparas om man frågar utan värderingar. Så gör inte som jag gjorde, fråga istället nyfiket.

Omvärdera kritiken

När du har lyckats sätta fingret på vad som är fel så är det enormt viktigt att du omvärderar din syn på kritik. I mina föreläsningar vill oftast deltagarna kalla kritik för feedback eller konstruktiv kritik för att få bort den negativa laddningen i just ordet kritik. Men just att det är en negativ laddning gör att den sämsta informationen, den som vi inte vill att så många (helst ingen) ska veta om oss, kommer fram. Feedback är inlindad kritik, kritik är kärnan. Konstruktiv kritik tvingar den som ger kritik att komma med förslag på hur du ska göra saker annorlunda och komma längre ifrån det kritiken rör. Men alla kan inte ge konstruktiv kritik. Ska man då vara tyst istället? Personligen tycker jag inte det eftersom kritik är värdefull information. Jag bryr mig inte om hur du säger det, bara *att* du säger det.

Det besparar mig kanske fem månaders omedveten konflikt och ger mig en chans att be om ursäkt och inte göra samma sak mot andra som jag gjorde mot dig. När du ger mig kritik gör du oss båda en tjänst.

Motsatsen är personer som går runt och är passivt förbannade en längre tid. De samlar på sig en massa misstag som man har gjort och till slut, vid ett otippat tillfälle, rinner bägaren över och du får höra – *allt*. Det du gjorde 2001 och alla år efter det. Misstagsarkivet åker fram. Samla inte misstag i ett arkiv, utan ge kritiken när den är aktuell.

Tanken präglar hela kroppsspråket och rösten, som tillsammans sätter stämningen för det du ska säga. Tycker du att det är obehagligt, tråkigt och för jäkligt att ge kritik så kommer det också att tas emot exakt så. Det är dags att vi omvärderar kritik till vad det egentligen är – en hjälp.

Låter det osannolikt? I början av boken nämnde jag att kritik är dålig information om dig till dig. Tar du inte emot den informationen så kommer den med största sannolikhet att hamna hos någon annan eller slås i väggen i form av en knytnäve. För att undvika det: ta emot kritiken. Känslor vi har *för* andra är just för den person som känslorna rör. Istället för att berätta hur du känner för Bertil till Lena så gå direkt till Bertil, vad har egentligen Lena med det att göra? Hamnar informationen i fel händer så blir det skvaller, vilket varken är konstruktivt eller roligt att lyssna på.

Tänk så många personer jag har träffat som samlar på skitsnack och smutsar ner sin omgivning med det. Det är så tröttsamt att lyssna på. Man skulle önska att det fanns en avstängningsknapp som man kunde trycka på. Numera brukar jag säga: ”Så du har ett problem med Bertil. Ska du inte ta det med Bertil istället för mig?” Det brukar leda till att tefaten till öron och mun försvinner och framför mig sitter en sur citron istället och säger: ”Ja, om du inte vill lyssna så, visst.” Det är värt det! Hjälp mig gärna med antiskvallerkampanjen. Allt du behöver göra är egentligen att upprepa frasen: ”Ska du inte ta problemet med den person det rör istället?”

Det är två saker jag vill att du ska ha med dig när det gäller kritik: (1) *att* du ger kritik och (2) *hur* du ger kritik.

TIPS TILL KRITIKERN Säg det du ska säga från början. Det är inte lika obehagligt då som det kommer att vara fjärde gången du blir trampad på fötterna av samma person och du tvingas säga ifrån som om det vore den första. Säg det som om det är något bra du ska berätta och utgå från att personen är omedveten om det han eller hon har gjort mot dig. Tänk att du faktiskt inte ger kritik för att hitta fel, utan lösningar. Det är mycket lättare att ta kritik från någon som är lugn och har en hjälpsam attityd istället för en dömande.

KONSTEN ATT TA KONFRONTATIONER SNYGGT

Många köper den här boken för att lära sig hantera besvärliga typer, men upptäcker att de själva varit härskare. Det är ingen fara, det finns hjälp för dem också. Och om det är någon tröst så hade jag själv intentionen att sätta dit alla härskare men upptäckte till min förskräckelse att jag själv varit en. Hur gör man då för att ta en konfrontation? Någon gång kommer den trots allt komma.

Jag ska ge dig tre steg för att hantera din tabbe oavsett om den var medveten eller omedveten. Först och främst – erkänn.

Steg 1. Erkänn – säg det först och säg det själv

Det finns två aspekter som jag vill ta upp när du har gjort ett misstag, det är när du själv vet att du har gjort det och när du får reda på att du har gjort det av någon annan. Vi börjar med när du vet att du gjort bort dig, kanske innan den drabbade vet. Det tar en massa energi och du bygger upp hemska scenarier i huvudet över hur det kommer bli när personen får reda på det. Det finns sätt att minska dramaturgin och den inbillade tragedin.

Vet du med dig att du har gjort något fel så säg det först och säg det själv. Det är värre om det kommer från någon annan. Det finns kända exempel.

I juni 2010 konfronterade Aftonbladet dåvarande arbetsmarknadsministern Sven Otto Littorin med anklagelser från en prostituerad kvinna som hävdade att Littorin köpt tjänster av henne. Själva konfrontationen var ganska smärtfri. Till en början. Journalisten gick fram till en munter Littorin vid flygplatsen: ”Får vi besvära med en fråga?” Littorin sträckte på sig och svarade ”ja, visst”. Strax efter följde en rad censurerade uttalanden som tittarna bara hörde som en kedja långa pip. Men vi kunde se Littorins kroppsspråk. Det gick från munter till besvärad. Mest illa berörd var kollegan bredvid. Detta inslag visades inte förrän efter den presskonferens som Littorin höll dagen därpå i Visby. På det mötet steg en nedbruten Littorin fram. Starkt berörd förklarade han att han skulle avgå: ”Jag har precis meddelat statsministern att jag begär mitt entledigande som statsråd av privata skäl med omedelbar verkan. Det finns tre skäl till det, och de tre skälen heter Emma, Gustav och Arvid. Det är mina tre barn som har fått betala priset av min offentlighet”, sa Littorin till journalisterna (Littorin hade under en längre tid varit indragen i en segsliten skilsmässa). Han nämnde inte anklagelsen som Aftonbladet konfronterat honom med dagen innan (inslaget hade ännu inte sänts). Istället gjorde han en fokusering. Han satte fokus på en del av problemet, för att folket skulle missa det som skulle komma att offentliggöras dagen därpå. Efter presskonferensen gick resten av dagen åt till att tycka synd om Littorin (David) och känna avsky för de stora stygga medierna (Goliat). En dröm för den som söker kortsiktiga sympatier. Men mardrömmen skulle komma nästa dag eftersom han varken bekräftade eller dementerade gårdagens – än så länge – okända fråga: Hade Littorin betalat för sex?

Dagen efter sympativågen började häxjakten. Aftonbladet läckte ut inslaget (de hade tv-kamera med) de bandat dagen före Littorins pressmöte i Visby. De hade fått en dementi av Littorins påstådda sexköp, men han hade inte nämnt Aftonbladets fråga på presskonferensen. Tajmingen var lite "för bra" för att hans avgång enbart kunde berott på barnen. Nu undrade alla om det hade skett. Och om det var det verkliga skälet till Littorins avgång. Hade han använt sina barn som täckmantel? Mediekris-experten Paul Ronge skrev följande på sin blogg samma dag:

> Så har då Aftonbladet äntligen gått från att säga A till att säga B och publicerat orsaken till Sven Otto Littorins avgång. Det kunde skett tidigare, men bättre sent än aldrig. Inte minst ger det en chans för den avgångna ministern att inte krossas fullständigt av en ständigt stegrande ryktesstorm.

Ryktesstormen ökade och den är din värsta fiende när andra misstänker att du gjort något fel. Att lägga alla korten på bordet blir din räddning. För varje dag som gick blev ryktena värre och värre. Men Littorin gick under jorden och gav inga svar. Härvan växte. Från höger till vänster påstods det att Littorin var oskyldig, medan andra hävdade motsatsen – att han var skyldig. Vad hade de för bevis? Tystnaden, säger vissa. Tystnad talar och vad den säger beror helt på lyssnaren. I det här fallet hade det varit guld för Littorin att tala. Istället krossades han av ryktesstormen. Det finns också kända exempel på personer som lyckats inse faran med rykten och därför valt att erkänna själva.

Torsdagen den 2 oktober 2009 chockade David Letterman sin publik med att göra en bekännelse inför alla tittare. Han hade haft sex med flera av sina kvinnliga medarbetare. Han var i det här fallet Goliat och de kvinnliga medarbetarna David.

Anledningen till att han erkände var att det riskerade att bli offentligt. Han och hans rådgivare beslöt att själva förmedla nyheten – allt för att lindra skadan och stoppa ryktesstormarna. Han hade dessutom blivit hotad och kommenterade det i *Late Show*, så här: ”Det stod (i hotbrevet) 'Jag vet att du gör hemska, hemska saker och jag kan bevisa att du gör dessa hemska saker.' Det fanns också saker i paketet som bevisar att jag gör dessa hemska saker.” Han erkände att han hade gjort ”hemska saker”, men han erkände inte i detalj vad. Mer än att han hade haft sex med kvinnliga medarbetare. Själva erkännandet blev så storartat att det amerikanska folket inte krävde mer. Och hans pathosanförande efteråt gav honom ännu mer sympatier. Och mitt i allt blev utpressaren, den som hotat honom, Goliat och Letterman blev David: ”Jag var orolig för mig själv, jag var orolig för min familj. Jag har känt mig hotad av detta, och jag var tvungen att berätta alla obehagliga saker jag har gjort.”

Hans bekännelse var ett genidrag. Det första avsnittet efter erkännandet lockade 5,7 miljoner tittare, 36 procent fler än veckan innan. Sköter Goliat sina kort rätt kan han få sympatierna och bli David. Många tror, tvärtom, att det besvärliga budskapet kommer att ge förödande effekter. Och det gör det också – om det kommer från någon annan. Därför ska du säga det själv.

1996 gick dåvarande vänsterpartiledaren Gudrun Schyman offentligt ut med sin alkoholism och skrev sedan in sig på ett behandlingshem. Två år senare ledde hon partiet till historiska väljarsiffror: tolv procent.

En katastrofal nyhet kan vändas till succé om du har samvete och mod att själv avslöja den. Slutsatsen av detta blir därför: säg det alltid själv och säg det först. Det blir en tuff tid framöver, men det kan inte jämföras med vad andras spekulationer kan göra mot dig. Erkänner du för sent så är det oftast just – för sent.

> Jag ljög inte, jag sa bara sådant som senare visade sig osant.
>
> RICHARD NIXON

Skulle det däremot vara så att du blir konfronterad av någon som tycker att du har betett dig illa så får du hantera det på ett annat sätt. Först och främst så förstår jag att det känns obekvämt och att det blir en otrevlig överraskning. Många får instinktiva känslor att försvara eller förneka, men det är tyvärr helt fel väg att gå. Det är så lätt att hamna i projiceringsmetoden då.

KONFRONTATÖREN: ”Du börjar alltid att mejla så fort jag får ordet på personalmötena.”
DU: ”Nej, men så är det inte alls.”

Här tar du bort all trovärdighet hos konfrontatören och gör hennes upplevelse till en inbillning. Det är många gånger som jag har lyft fram härskartekniker när jag blivit förtryckt och härskaren har sagt: ”Ojdå, det var jag inte medveten om. Men Elaine, du kan ju inte bli sur. Jag visste faktiskt inte att jag gjorde det där.” Det är inte riktigt den reaktion som jag önskar mig i det läget. Råkar du trampa någon på foten tittar du väl inte besvärat på den du trampade på och säger: ”Oj. Bli inte sur. Jag visste ju inte om att din fot var där.”

Ett snabbt sätt att få bort, eller undvika, en längre konflikt kan komprimeras till en mening: ”Jag ber om ursäkt.” Omedvetet eller inte så är ändå skadan skedd. Du kan ursäkta dig med att inte ha varit en medveten härskare, men det bästa är ändå att bara be om ursäkt. Då tar du inte vikten från det du orsakade. Ge inte en massa ursäkter – be om ursäkt. Försvarar du dig blir det inte bättre.

KONFRONTATÖREN: ”Du börjar alltid att mejla så fort jag får ordet på personalmötena.”
DU: ”Ja, men jag har ett väldigt krävande jobb. Det måste du förstå.”

När konfrontatören försöker lätta sitt hjärta så tynger du det med dåligt samvete. Gör inte det. Utan lyssna istället på vad personen har att säga.

KONFRONTATÖREN: ”Du börjar alltid att mejla så fort jag får ordet på personalmötena.”
DU, MED ETT BEKYMRAT UTTRYCK: ”Oj, det var jag inte medveten om. Det kan mycket väl stämma, i sådana fall är det illa.”

När du har erkänt så kan vi gå vidare till steg två.

Steg 2. Visa förståelse för andras upprörda känslor

Nu har du gjort något modigt. Du har erkänt att du har gjort en tabbe vare sig den är medveten eller inte. Men vänta dig inte att den andre ska göra vågen för det. Nu är det dags för personen att ge sin reaktion och det bästa du kan göra då är att visa förståelse.

Det kanske låter självklart, men i själva verket är det något som folk sällan använder sig av för att lösa en konflikt. Tänk själv på situationer då du hade behövt förståelse istället för en förklaring. En kompis du ska träffa kommer kanske tjugo minuter för sent och ger dig en lika lång förklaring istället för tjugo sekunders förståelse och en ursäkt, så är det ur världen. Ibland kan folk till och med behöva mötas i förståelsen.

Du sitter på akuten tillsammans med tio andra som är i behov av vård. Ni har väntat i fem timmar och med jämna mellanrum gått fram till disken och pratat med en sammanbiten sköterska. Varför är hon sammanbiten? För att hon gör allt hon kan, men ändå möter en arg patient. Något som skulle lösa upp knuten och göra dig mindre besvärad är lite förståelse. Ingen av er förstår varför den andre inte förstår.

Så om vi går tillbaka till mejlandet under mötena, så är det viktigt att du förstår personens upprörda känslor trots att du inte menade något illa. Förståelse först, förklaring sedan.

KONFRONTATÖREN: ”Du börjar alltid att mejla så fort jag får ordet på personalmötena.”

DU MED BEKYMRAT UTTRYCK: ”Oj, det var jag inte medveten om. Det kan mycket väl stämma, i sådana fall är det illa.”

KONFRONTATÖREN: ”Ja, det är illa. Och jag har varit arg på dig ett tag över det här.”

DU: ”Men det kan du inte bli, jag var ju inte medveten om att jag mejlade när du pratade.”

Att inte veta vad man har orsakat tar inte bort konfrontatörens rätt att bli upprörd. Att du inte visste om vad du orsakade är en förklaring, men du måste visa förståelse först.

> Jag har en vän som alltid super sig full och gör bort sig. Det drabbar både honom själv och andra. Han har i princip bett hela grabbgänget att dra åt helvete åtskilliga gånger. När vi konfronterar honom så säger han bara att han inte kommer ihåg. På så sätt kan han fortsätta...
>
> JONAS

Det spelar ingen roll om kompisen inte vet. Han bör ändå ta ansvar och åtminstone förstå att kompisarna blir upprörda och sedan föreslå åtgärd, förslagsvis sluta dricka. Så en bättre version är att göra så här i personalmötet:

KONFRONTATÖREN: ”Ja, det är illa. Och jag har varit arg på dig ett tag över det här.”
DU: ”Jag förstår att det gör dig förbannad.”

Gör du så här så kan jag lova dig att konflikten blir kortvarig. Förståelsen är det som släcker elden till upprörda känslor, försvar eller förnekelse är som bensin till elden. Så även om du gärna vill förklara så tror jag du hellre vill att konflikten ska ta slut.

I servicebranschen, butiker, offentlig sektor och privata relationer är det här med förståelse alldeles för underskattat. Jag vet inte ens om man använder det ordet när man har haft en misslyckad konversation. En vanlig fråga till en vän som har bråkat med någon borde vara: ”Visade du någon förståelse?” Har en spänd situation uppstått så är det oftast för att någon inte är tillräckligt tillmötesgående. Jag pratade med en sjuksköterska om det här och hon sa att hon blev otroligt spänd över de arga patienter som kommer till disken och kräver att personalen jobbar snabbare.

”Jag säger att vi gör allt vi kan, sedan blir jag lite irriterad, för på sjukhusen skär de ner och så förväntar de sig att man ska kunna ta all ökad belastning. Men det vet ju inte patienterna.” Hon berättade vidare att hon alltid svarar: ”Vi gör allt vi kan!” men det gör oftast patienterna bara ännu mer arga. Det finns en orsak – hon visar inte förståelse innan hon ger förklaringen, omkastningen i dispositionen gör stor skillnad.

Börja med att bemöta personens känslor och förklara sedan vad ni gör åt saken: ”Jag förstår att det är fruktansvärt frustrerande att sitta här och vänta. Jag hade också varit förbannad i dina skor. Men jag lovar dig att vi ger 150 procent trots att vi är underbemannade – just för att ni ska slippa vänta ännu längre.” Att säga detta och titta patienten i ögonen är väldigt effektivt. Du visar att du ser och förstår personen. Du kanske inte får en överlycklig patient som med lätta steg studsar tillbaka till sin plats, men du får en mindre besvärlig person.

Det här borde man tänka på mer generellt. Den stunden när personen kommer in på sjukhuset eller kontoret ska det kännas bra och tryggt. Men det ska även kännas så när de går därifrån, trots att de kanske inte fått vad de ville. Det är inget undantag när det gäller enskilda personer. Eller dig? Första intrycket är inte bara viktigt utan även känslan de har efteråt, när de lämnat dig. Hur vill du att folk ska känna sig när de har pratat med dig? Se till att känslan är bra trots att du kanske har sagt något besvärligt. Kombinerar du besvärliga budskap med förståelse har du goda förutsättningar att förmedla det på ett bra sätt. Tänk på det och testa förståelse nästa gång du stöter på en knivig situation, det behöver inte bara gälla tabbar.

Steg 3. Förlåt – en bra avslutning på tabben

När du har erkänt och visat förståelse så är en ursäkt en bra avslutning för att gå vidare och lägga energi på annat. Har du visat förståelse en bra stund så behöver just "förlåt" inte ta någon längre tid. Förlåt är ett underskattat ord. Ändå finns det många som gör precis tvärtom när de blir påkomna med att ha betett sig som skithögar.

Vi låtsas att du är den som har gjort bort dig. Du har systematiskt fryst ut en kollega och skrattat åt henne när hon försökt ta plats. Ett riktigt dåligt sätt att ta en sådan konfrontation skulle kunna se ut så här:

KOLLEGAN: "Varför skrattar du åt mig så fort jag försöker ta plats?"
DU: "Jag tycker inte att jag skrattar åt dig."
HON: "Det känns och det låter så."
DU: "Ja, men det är din känsla. Den kan inte jag stå till svars för."

Som jag nämnde tidigare så är kritik dålig information om dig – till dig. Hanterar du kritik på det här sättet kommer du ha skitsnack surrandes omkring dig. Och så länge du inte tar kritik snyggt, kommer skitsnacket att fortsätta. Ett mindre dåligt exempel, men fortfarande inte riktigt bra, är att ta konversationen så här:

KOLLEGAN: ”Varför skrattar du åt mig så fort jag försöker ta plats?”
DU: ”Jag tänkte på något som var roligt, det bara hände.”
HON: ”Det gör mig förbannad.”
DU: ”Jag tänkte på något som var roligt, det bara hände.”

Försvarstalet funkar en bit, men inte tillräckligt långt. Målet är att få det jobbiga ur världen. Och då måste du ha en retorisk strategi. Lyssnaren kommer inte att släppa bilden av dig som en skithög förrän du har bett om ursäkt. Så för att göra lidandet kort, be om ursäkt fort. Men gör inte bara det, återge misstaget som kritikern tar upp. När hon hör dig göra det kommer hon att ha lättare att släppa det.

KOLLEGAN: ”Varför skrattar du åt mig så fort jag försöker ta plats?”
DU: ”Jag vet inte riktigt…”
HON: ”Det gör mig förbannad.”
DU: ”Jag förstår att mitt skrattande gör dig förbannad. Jag ber om ursäkt för det och det ska inte hända igen. Jag är hemskt ledsen.”

Är det inte att gå lite långt? Inte om man jämför med vilka konsekvenser skitsnacket om dig kan få – enormt mycket mer.

När tsunamin drabbade Thailand 2004 så letade media och svenska folket efter den felande länken. Varför hanterades den så illa av regeringen, och främst dåvarande utrikesminister Laila Freivalds? Det startades till och med en namninsamling, ”Sparka Freivalds nu”. Ingen vågade erkänna eller be om ursäkt eftersom de förmodligen trodde att media var ute efter en lynchning.

Så var det inte, de drabbade ville ha en förklaring, de ville ha förståelse och de ville ha en ursäkt. Den främsta kritiken riktades mot att skadade svenskar inte flögs hem. Ursäkten uteblev och bitterheten och ångern finns nog kvar än idag – trots att Freivalds avgick kort därefter, dock utan att ange den illa skötta hanteringen som anledning.

Många, långa konflikter med kollegor, vänner och familj har cementerats bara för att en person varit för stolt för att säga "förlåt". Det är förlösande för den som är sårad att få höra det ordet. Även om du inte menade något illa med din handling så kan du i alla fall säga att du är ledsen för att den andre blev olycklig. Lyssnaren behöver få veta att du vet vad du gjort, och att du ångrar dig. Därför ska man inte bevara konflikter eller låta dem uppta ens tid. Se till att bli av med dem fort, helst för gott, genom att: (1) berätta om din tabbe, (2) uttrycka förståelse för personens upprörda känslor och (3) be om ursäkt.

Är tabben riktigt stor ska du dessutom (4) föreslå åtgärd och (5) visa att du menar allvar med din åtgärd.

Så Elaine menar att vi ska ta konfrontationer genom att lämna dem med svansen mellan benen?

Få gillar ordet kritik. Men låt mig definiera det så du inte blandar ihop det med personligt påhopp. Kritik berättar något om det du gör, personligt påhopp berättar om vilken person den andre tycker du är. Att berätta om det folk gör borde inte vara svårt, men eftersom många blandar ihop kritik med just personliga påhopp blir de dåliga på att ta och ge kritik. Säg att en person får kritik för att hans protokoll inte blev bra. Tar han kritiken bra så hittar han lösningar på hur protokollet kan bli bättre. Tar han det på ett dåligt sätt så känner han att han *är* protokollet och börjar försvara det. Istället för att hitta lösningar tar han det hela personligt och det stannar där. Personen man sårat har redan bestämt sig för att man är en skitstövel och man får inte en chans att förklara sig. Resultatet är två personer som fått sina känslor sårade. Så mina tips till att ge kritik är:

1. Peka inte på personen. Peka på vad personen har gjort.
2. Berätta hur du upplevde situationen.
3. Fråga hur den andra personen menade.
4. Tänk på ditt kroppsspråk och ton när du ger kritik. Ser du besvärad ut så kommer personen att bli besvärad. Ser du glad ut så kommer det att tas för ironi. Hitta en balansgång. Ge kritiken på ett omsorgsfullt sätt. Det är trots allt bra att personen snabbt får veta det här. Och kan ändra sig.
5. Är det dig kritiken riktas mot, är det viktigt att ha förmågan att ta den.

The problem with most of us is that we rather be ruined by praise than saved by criticism.

VINCENT PEALE

Delar av det här och det förra kapitlet är lånade från min bok *Snacka Snyggt*, som kom ut på Norstedts 2011.

4

MARTYRMETODEN

Härskaren som manipulerar dig med skuldkänslor

Den här härskartekniken är jag säker på att du kommer att känna igen – tyvärr. Någon gång blir vi alla drabbade av martyren som medvetet eller omedvetet manipulerar folk att göra och tycka som hon vill genom att ge dem skuldkänslor. Du har säkert träffat en sådan person, oftast är det någon vi känner väldigt väl. "Jag födde dig!" berättade en kund att hans mamma säger till honom. Han skrattar lätt och tungt på samma gång när han berättar det: "Tänk om jag visste att min födelse skulle bli min livslånga skuld till min mamma. Ibland har jag lust att säga att jag inte valde att bli född, hon valde att bli med barn."

Det här kapitlet ska hjälpa dig att få bort den tunga stenen av skuld som martyren placerar hos dig varje gång ni tycker och tänker olika. Men först måste du inse att det inte är ditt fel hur mycket martyren än får dig att känna så. Så länge hon gör det så har hon makt över dig. Att bryta ner logiken i martyrens resonemang är vägen till ett lättare liv utan martyrskapets kedjor. Martyren får snart packa ner sin fiol eftersom folk slutar att lyssna. Du är bara några sidor från att genomskåda och hantera martyren i ditt liv.

"Jaha, är alla emot mig igen?"

Vi har en man på mitt jobb som alltid blir förbannad, tyst eller ledsen varje gång vi ska prata om något som rör fel han har gjort på jobbet. Vi gör alla fel ofta, det är en del av jobbet, skillnaden är att vi andra tar kritiken professionellt medan han tar den personligt. Han reagerar ofta med: "Jaha, är alla emot mig igen?", "Jag jobbar för att jag måste och jag gör så gott jag kan", "Du ser bara mina dåliga sidor", "Nej, det är inget, jag mår bra" (säger han dramatiskt och blickar bort med stel mimik). Senast sa jag bara att protokollet behöver skrivas om och då fick jag höra: "Jaha, du tycker inte att jag skriver det tillräckligt bra." Jag får direkt dåligt samvete och går därifrån. Hur hanterar jag det här?

MARIA, TRÖTT PÅ MARTYRER

Martyrmetoden gränsar till projiceringsmetoden. Skillnaden är att projiceringshärskaren försöker hitta fel på dig. Martyren går djupare än så, hon spelar på ditt dåliga samvete och får dig att *känna* dig fel. Här är återigen syllogismen ett bra verktyg.

Först och främst så försöker martyren skapa en värld som du inte alls känner igen. Verklighetsuppfattningen hon har är att hon oftast är offer för något som du har sagt. Marias martyrkollega hade en uppfattning och den var:

1. De som kritiserar protokoll tycker inte att medarbetaren skriver tillräckligt bra.
2. Maria kritiserar protokollet.
3. Alltså tycker hon inte att medarbetaren skriver tillräckligt bra.

Problemet i den här verklighetsuppfattningen och syllogismen är att Maria säkerligen inte hade gått med på första påståendet. Martyren drog det hela för långt. Han får det att verka som att Maria inte tycker att han skriver bra protokoll i allmänhet när det egentligen bara var fråga om denna specifika gång som det blev lite fel. Martyren har en förmåga att göra kritiken ofantligt mycket större än vad intentionen var.

Vad skulle Maria ha gjort istället?

Hon skulle ha dragit ner på dramatiken. Ser hon chockad ut och går därifrån i tystnad så får martyren vatten på sin kvarn. Ett bättre scenario vore:

MARTYREN: ”Så du tycker att jag är dålig på att skriva protokoll?”

MARIA: ”Du behöver inte dra det till världens ände. Jag sa att *det här* protokollet behöver skrivas om. Jag sa aldrig att du alltid skriver dåliga protokoll. Så du kan vara lugn.”

På så sätt dissekerar Maria martyrens påstående och på samma gång dämpar hon dramatiken som martyren oftast rider på. Blir du drabbad av en martyr och plötsligt känner att det dåliga samvetet hugger dig i magen, våga ta dig tiden att stanna upp. Fundera noggrant på vad martyren sa och dissekera det med hjälp av syllogismen. Allt du behöver göra är att ta det första påståendet som martyren ger dig och upprepa det för dig själv: ”Han tror att för att jag kritiserar protokollet denna gång gör honom dålig alla gånger.” Du kommer snart märka att martyrens verklighetsuppfattning inte är verklig. Och det är bra för både dig och martyren att veta.

TIPS TILL MARTYREN Dra inte kritik så långt, det kommer få dig att må dåligt. Det kan vara jobbigt att få kritik eller anmärkningar, men se det inte som att du är dålig. Se det som en möjlighet att utvecklas och bli bättre. Du lider uppenbarligen av dåligt självförtroende och tror att alla är emot dig. Mitt tips till dig är att lyssna och se dig omkring på jobbet. Folk får kritik dagligen, tar det väldigt bra och blir därför bättre. Tänk om Zlatan lagt sig i en självömkande hög på fotbollsplanen när han haft en dålig match. Pekat på publiken och sagt att de hatar honom. Han, precis som andra stjärnor, hittar istället sätt att bli bättre. Var en stjärna istället för en martyr, de är mycket lättare att ha att göra med. Din utveckling kommer dessutom ge dig bättre självförtroende.

"Jag har träffat på kungen av martyrer och delar gärna med mig."

Jag och min dåvarande pojkvän åkte till Marocko på vår första gemensamma semester. På flyget ner insjuknar jag plötsligt i en svår allergisk reaktion. Jag får frossa, hjärtklappning och nässelfeber. Flygpersonalen sköter sig exemplariskt och gör allt de kan, behandlar med kylbalsam och kortisontabletter, allt medan pojkvännen blir mer och mer irriterad och ber att få flytta bak i flyget. Först då förstår personalen att vi reser i sällskap och de ber honom sitta kvar och se till att jag andas ordentligt. Han sitter motvilligt kvar men sätter demonstrativt på sig hörlurarna och somnar. När vi landar är jag i ännu sämre skick och får åka till akuten, han följer motvilligt med. Jag biter ihop och klagar inte. När jag ligger på en bår och undersöks av läkare blir pojkvännen allt grinigare. Jag frågar honom vad som är fel och han säger att jag "förstör hans semester". Inte nog med att jag är akut sjuk i främmande land – det värsta var att försöka hantera ett ton skuldkänslor och en sur jättebebis. Behöver jag tillägga att vi inte är tillsammans längre?

BELLA, GLAD SINGEL.

Det här var inte enbart en martyr, killen verkar ha problem med empati. Han kanske till och med är narcissist. Det är inte svårt att bryta ner hans verklighetsuppfattning. Uppenbarligen tror han att Bella har valt att bli sjuk för att förstöra hans semester. Gör vi en syllogism på det så ser vi direkt hur galen den är.

Den som blir sjuk förstör semestern medvetet.
Bella blev sjuk.
Alltså förstör Bella semestern medvetet.

Vad skulle Bella ha gjort?

Exakt det hon gjorde: slut! Har killen en sådan desillusionerad bild av verkligheten så är det nog bäst att han umgås med sig själv. Men för att sätta en sådan här person på plats så tycker jag ändå att man ska återge vad han har sagt så han ser hur galet det är.

HAN: "Du har förstört min semester."
BELLA: "Menar du genom att jag blev sjuk?"
HAN: "Ja."
BELLA: "Det är tråkigt att du ser min hälsa som ett aktivt val istället för vad det är – otur för oss båda."

TIPS TILL KILLEN Du verkar ha problem med att byta perspektiv och se saker från någon annans synvinkel. Om du känner dig ständigt missförstådd så kan det vara för att du hela tiden drar på dig offerkoftan trots att det är någon annan som råkat illa ut. Om problemet ligger i att du har svårt att förstå andra så kommer de ha svårt att förstå dig. Gör ett experiment, sätt dig in i andras perspektiv istället. Du kommer märka karmaeffekten rätt snabbt, de kommer sätta sig in i ditt perspektiv och dina relationer kommer att bli bättre.

"Våra önskemål till bröllopet blev en 'börda' och 'tvång'"

> När jag och min man gifte oss så beslöt vi oss för att vi ville ha ett regnbågsbröllop. Gästerna fick en inbjudan som hade den färg som vi önskade att de skulle bära på bröllopet. En person reagerade negativt och det var min syster. Hon hade fått "nitlotten" att ha gult på sig, så hon häver ut sig: "Så ni vill att jag kommer till bröllopet som en kyckling?" De andra gästerna som hade fått gult hade inga synpunkter. Min syster tyckte att vi tvingade folk till att ha på sig löjliga färger. Det var en massa om och men för att vi skulle må dåligt över att hon fick den gula färgen. Vi var taskiga helt enkelt. "Världen kommer inte gå under om jag inte kommer i gult", sa hon.
>
> FRANSI, GIFTER SIG BARA EN GÅNG

Släkten är värst brukar det heta. Tyvärr är det så att martyrmetoden förekommer mer i familjen eftersom det är lättare att spela på samvetet hos dem man älskar. De vill ju aldrig såra dig. Att Fransi och hans mans önskemål förvandlades till tvång och en börda är att se saker och ting väldigt enformigt. Med tanke på att det är en enda dag i hennes brors liv som han gifter sig så borde hon ge med sig. Om man ska mäta hur obekväm hon är mot hur glad hon skulle göra sin bror så är det värt att ge upp. Det är som en kompis sa till mig inför mitt bröllop: "Jag skulle komma i rosa sparkdräkt till ditt bröllop om du bad mig. Det är ju bara en dag och det är din dag!" Den attityden har inte martyren, utan gör sin egen känsla större än allt annat i världen – till och med sin brors bröllop. Det kan ju vara så att ett bröllop inte har samma laddning för henne som det kanske har för Fransi. Det kanske till och med är så att hon inte vet om att det betyder mycket för Fransi. Familjer kan begå misstaget att tro sig känna en person utan och innan. Det kan göra besvikelsen större än den behöver vara. Systern förlöjligade tyvärr Fransis känslor och satte dem i alltför stora proportioner, som att världen skulle gå under om hon inte drog på sig gult. Hennes verklighetsbild är:

> Bryter man mot önskemål så tror Fransi att världen går under.
> Systern bryter mot önskemål.
> Alltså tror Fransi att världen går under.

Den här verklighetsbilden stämmer inte. Men i den blir Fransis önskemål patetiskt och kravfullt. Hon får det att verka som att Fransis bröllop hänger på hennes gula klänning, när han egentligen är besviken över att hon:

1. Gör en big deal av en färg.
2. Inte respekterar hans önskemål för bröllopet.
3. Gör sitt gnäll större än hans bröllop.
4. Sätter sina mindre känslor i första rummet när en upp offring för honom hade vägt mycket tyngre.

Vad skulle Fransi ha gjort?

Det här är svårt. En syster som känner att ett önskemål inför ett bröllop är ett krav som hon är offer för är svår att hantera. Men det viktigaste är att du får henne att förstå att färgvalet är viktigt för dig även om det inte är det för henne.

SYSTERN: ”Så du tänker tvinga folk att ha på sig regnbågsfärger?”

FRANSI: ”Det är inget tvång utan ett önskemål vi har. Du får oss att låta som diktatorer när det egentligen är en bröllopsfest som vi lägger en massa pengar på. Vi hoppas att gästerna bara är glada. När du klagar så känns det inte roligt.”

SYSTERN: ”Jag är inte bekväm i gult.”

FRANSI: ”Skulle du kunna vara lite obekväm för min skull den här dagen. Det är en dag i livet som jag gifter mig och som du har på dig gult. Hur svårt det än är att tro så skulle det betyda jättemycket för mig om du gjorde det för min skull. Jag skulle bli så glad.”

Vad skulle systern ha gjort?

Kära syster, jag tror säkert att du älskar din bror. Kanske är det så att du tycker att han drar det här med färger lite långt. Men det är ju ändå hans bröllop, så låt brorsan gå lite bananas en dag i livet. Det finns säkert fester du kommer ha där du har önskemål som du gärna vill att gästerna respekterar och gör de inte det så sänks ju feststämningen. Säg att du ska ha en maskerad och varenda gäst kommer och klagar på temat istället för att tacka för inbjudan. Du gör en ansträngning och bjuder folk till fest, då kan de göra en ansträngning för dig. Eller om du skulle ha ett bröllop där klädkoden är kavaj och en person absolut inte trivs i det utan bestämt vill ha jeans. Det skulle ju inte kännas helt hundra. Men du kanske tycker det här med gult är något helt annat. Tydligen är det inte det för din bror. Nu har din bror träffat sitt livs kärlek och lägger en massa pengar på bröllopet. Du kan nog stå ut med gult en dag i livet, det borde i alla fall inte överskugga känslan över hur roligt det kommer vara att se din bror gifta sig. Tänk på hur många tärnor man ser i oklädsamma klänningar. De går med på det för brudens skull. Äran att vara tärna övervinner eventuella olustkänslor för klänningen.

Jag frågade Magdalena Ribbing, vett och etikett-expert, och hon bekräftade att man som gäst ska finna sig i färgval och teman som brudpar eller värdpar bestämt. Det är inte okej att ställa till med bråk över en sådan sak. Jag vet flera vänner och bekanta som har fått gnälliga gäster på grund av något tema på ett bröllop eller en fest. Personligen tycker jag bara att de kan låta bli att komma istället för att gnälla. Visst kan man tycka det är jobbigt, men man *säger* inte det. Var glad för inbjudan och gå – eller gå inte. Valet är ditt. Men bestämmer du dig för att gå, så gör det helhjärtat och var trevlig. Har du inte råd så förklara det, det skulle värden förstå.

Martyren är överskuggad av sina egna självömkande känslor och ser inte hela bilden. Visa den stora bilden genom att förklara hur den ser ut, men bryt också ner martyrens uppmålade verklighet.

"Irriterande hundögon"

Min mamma är den största martyren på denna jord. Jag älskar henne, men hennes martyrskap gör mig galen. Hon säger ingenting i ord, hon behöver bara ge mig en blick för att få mig att få dåligt samvete. Det är egentligen två olika blickar. Behöver hon hjälp med något tekniskt och jag inte hinner så kör hon "lost in space-looken" som gör att jag inte har hjärta att låta bli, trots tidsbrist. En gammal kompis till henne berättade att mamma var "tillfälligt" inneboende hos henne, men tiden gick och till slut hade tre år passerat. Hon försökte få ut henne efter ett år, men sa till ordentligt efter tre och då spred mamma rykten om att hon blivit utsparkad. Detta trots att hon fått tre hela år på sig. Så istället för att ta ansvar för sina egna handlingar så gör hon sig till ett offer för andras. Och sist men inte minst så gör hon hundögonen. Jag hade köpt två presenter till min morfar. "Jag fick ingen present", sa mamma och spände sina hundögon i morfar som kände sig tvungen att ge bort en av sina presenter till henne. Det slutade med att jag skällde ut mamma. Sedan skällde släkten ut mig...

CRISTIAN

Det verkar som att släkten *är* värst. Känner du igen dig själv i liknande situationer? Är det någon i familjen som mirakulöst gång på gång lyckas få dig att göra saker som varken är din uppgift eller ansvar. Du har inte tid med det, men gör det ändå för att hundögonen ska försvinna.

När du står framför en martyr så är det väldigt viktigt att du vet att det inte är ditt fel. Att personen ser miserabel ut när du inte tycker eller gör som han vill är en reaktion som du inte behöver stå till svars för. Agera inte på det. Vänta lite och studera personens mimik. Jag brukar göra det och samtidigt tänker jag: Undrar hur länge han kan hålla den där miserabla minen. Så småningom faller det och martyren blir ett monster och börjar gorma istället, och då släpper det dåliga samvetet. För vem vill hjälpa någon som är otrevlig? Kom ihåg att martyrskapet börjar redan i barnsben. Du sitter i sandlådan tre år gammal, gräver ett hål till Kina. Helt plötsligt gör du dig illa på en sten. Din mimik ändras till en sorgsen grimas, hakan börjar darra och du ser dig febrilt om efter mamma och pappa. Ingen i sikte, vad gör du? Du fortsätter att gräva oberört. Hade de varit inom synhåll, sett din min, gett dig tummen upp, uppmuntrat dig att fortsätta gräva så hade du gjort exakt det. *Men* hade de gjort en rapport på din min (speglat den) så hade all självömkan fått bekräftelse och där sitter du och gallskriker medan tårarna sprutar över den dumma stenen.

Ge inte martyren den bekräftelsen.

Vad skulle Cristian ha gjort istället?

Visst ska man hjälpa sina föräldrar, men de behöver inte agera hjälplösa hela tiden. Så när mamma kör "lost in space-looken" så le stort och säg: "Du fixar det här mamma, det vet jag. Google är ju himla bra, det hjälper mig hela tiden och det kan säkert hjälpa dig!" Försvinner inte blicken så le ännu bredare. Hon behöver helt enkelt få det bevisat för sig själv att hon klarar det. Risken är att hon, när hon har klarat det, ojar sig över hur *otroligt* svårt det var. Då ska du säga hur *fantastiskt* duktig hon är som fixade det och hur skönt det är att veta att hon kommer göra det i framtiden också.

Att hon inte tar ansvar för sina egna handlingar och istället gör sig till ett offer för andras är ett typiskt martyrdrag. Kör frågemetoden – majevtiken – här, ställ en ledande fråga som får henne på rätt spår. Säg helt enkelt: "Om vi tänker på vad du kunde ha gjort annorlunda – vad skulle det ha varit?" Kom ihåg att ställa frågan nyfiket – inte dömande.

Allra sist ska vi hantera hundögonen och hur hon får andra personer att ge henne det som var ämnat för dem. Spela på hennes dåliga samvete. När morfar är på väg att ge henne presenten, säg: ”Nej morfar, mamma skulle aldrig vara så självisk att hon skulle tvinga dig att ge bort *din* present.” På så sätt har du dissekerat det hon faktiskt säger, om än med hundögon.

Därför förlorar du på att utöva martyrmetoden

Tänk dig att alla runt omkring dig får en olustig känsla av dig som de inte kan sätta fingret på. De vet inte varför men förr eller senare kommer de att känna sig skyldiga, för det gör folk när de umgås med dig. Av logiska skäl så eftersträvar vi att umgås med personer som får oss att må bra. Kör du martyrmetoden så kommer du märka att folk inte vill umgås med dig. Du kanske irriterar dig på att kompisarna inte alltid svarar i telefon när du ringer, bokar av träffar med dig och sällan ringer. Det finns förmodligen anledningar till det. När ni träffas så kanske du inleder med: ”Du svarar ju aldrig” eller ”du är ju så upptagen”. Försök att istället vara vännen du själv gärna hade umgåtts med. Inte en som spelar martyr utan en som gör en glad och upprymd. Sluta surfa på folks skuldkänslor. Byt jargong, det kommer gynna dig mer än du kan ana. Helt plötsligt kommer folk svara och låta glada när du ringer, mer än gärna träffa dig och kontakta dig innan du hunnit kontakta dem.

Så hanterar du martyrmetoden

Martyren förstorar det du säger och får det att bli något du aldrig menade. Be inte om ursäkt för det för då ger du medvind i martyrseglet. Förklara istället hur du menar och konstatera att det martyren säger inte alls stämmer med det du menade. Ge *din* bild helt enkelt. Dissekera med hjälp av syllogismen: "Så du menar följande: att jag säger att protokollen behöver jobbas igenom innebär att jag tycker du är dålig?! Hur tänker du då? Och varför drar du en miss med ett protokoll så långt som till en miss som kollega? Du drar det för långt." Upprepa det martyren säger, då har han lättare och se sin hyperbol (överdrift).

Akta dig för att klassa alla som delar med sig av sina känslor för martyrer. Det är viktigt att skilja på en persons känslor och på martyrskap. En person som tar sig modet att säga att hon blev ledsen av det du sa är inte en martyr. Det är tillåtet att dela med sig av känslor. Spelar personen däremot på känslor för att få dig att må sämre än du förtjänar, då har vi martyrskap. Att lära sig skillnaden är viktigt och det tycker jag att en läsare av första versionen av *Härskarteknik* förklarar väldigt bra:

> Det finns en annan aspekt av martyrskap som det är viktigt att vara observant på. Det är lätt att man felaktigt beskyller eller klassar någon annan som martyr då den bara förmedlar hur den känner, särskilt om man har ett eget intresse av att inte ta in det riktigt. Det är lätt om man till exempel är i konflikt med någon, eller är indragen som tredje part och av till exempel vänskapsskäl mer eller mindre automatiskt står på den ena partens sida. Då fungerar vi nog lite till mans så att vi lättare förklarar den vi inte har så starka sympatier för som martyr, medan den vi har lojaliteter mot tar vi på allvar. Så det är lätt att martyrskap används som härskarteknik åt andra hållet, att ta till "nu låter du som en martyr" när någon visar att den faktiskt blev ledsen eller upprörd över något. Det är en omvänd härskarteknik vad gäller martyrskap.
>
> PER JOEL, MANSJOUREN

5

UTESLUTNINGSMETODEN

"Datorn åker upp när jag får ordet"

Vi har rätt tydliga sociala hierarkier på mitt jobb. Folk visar sitt ointresse aktivt genom att pilla på mobilen eller svara på mejl under möten. Det tragikomiska är att det händer beroende på vem det är som pratar. En kollega som heter Karin slänger alltid upp sin dator när jag får ordet. Kanske är det så att jag är en dålig retoriker, inte så intresseväckande som de andra? Men alla förtjänar väl uppmärksamhet oavsett retorisk färdighet, eller vad säger retorikern själv?

PETER

Uteslutningsmetoden är när någon blir utesluten på ett eller annat sätt. Det kan vara medvetet eller omedvetet. Berit Ås kallar den medvetna tekniken för osynliggörande. I Peters fall verkar scenariot vara medvetet, men det spelar ingen större roll för resultatet är ändå att han blir utesluten. Karin kanske inte har någon illvilja i sitt agerande. Hon kanske känner att det Peter säger är ointressant. Det spelar ingen roll hur oretorisk Peter är. Vi har inte retorik som obligatoriskt ämne i skolan och de flesta har inte förutsättningar för att göra ett trollbindande anförande. Men det innebär inte att Peter inte förtjänar uppmärksamhet. Det är många som utesluter omedvetet. Men något som förbryllar mig är möteskulturen på massor av arbetsplatser.

När man sitter i ett möte så ska man inte mejla eller surfa. Ändå är det många som gör det och ointresset kan yttra sig på olika sätt. Vissa tittar upprepade gånger på klockan under mötet. Andra pratar med den som sitter bredvid och så finns det de som plötsligt ser något riktigt intressant utanför fönstret.

TIPS TILL PETER Ser du ett tydligt mönster så ta upp det med Karin enskilt. Det är ingen poäng att ta upp problemet inför de andra eftersom det då kan verka som att du vill platta till Karin. Det du ska göra är att spegla situationen, berätta vad du har sett att hon gör. Men erkänn också hur du känner inför det. Säg: ”Karin, det här är säkert inte medvetet. Men jag har sett ett tydligt mönster under mötena och det är att du är väldigt uppmärksam ända tills jag får ordet. Då åker din dator upp. Jag ville bara säga att det gör mig lite obekväm och får mig att känna att du tycker det jag pratar om är ointressant.”

Det är effektivt att säga ”känna” eftersom det inte går att argumentera emot. Hon kan inte säga ”nej, så känner du inte alls”. Hade du däremot sagt hur det var så hade hon kunnat argumentera emot det. Var ödmjuk och öppen för att du kan ha fel känsla. Hon kanske bara tycker att det du säger är så intressant att hon antecknar på datorn. Oavsett anledning så har du uppmärksammat henne på att du ser när hon kikar i datorn.

TIPS TILL KARIN Om du antecknar i datorn – berätta det. Mejlar du så får du göra ett val. Ska du vara på mötet eller i din mejlbox? Svårare än så är det inte.

Vilka är det som utesluts? De som blir uteslutna hittar många olika förklaringar till varför just de blir uteslutna. Vissa tror att det är för att de är chefer och sitter på makt. "Folk känner sig antagligen inte tillräckligt bekväma för att fråga om även jag vill ta en öl efter jobbet." Andra tror att det har med deras utseende att göra. "Han tycker förmodligen att hon är snyggare än jag, men han skulle tas som mindre påflugen om han inte bara tittar på en person när vi är tre."

Skälen är många, metoden heter uteslutningsmetoden och konsekvensen blir att någon får en annan människa att känna sig mindre värd. Men det finns de som utnyttjar sin position för att trycka ner andra. Det behöver inte vara en professionell position utan kan också vara en social. Personer som utesluter medvetet kanske känner sig hotade av dig och tror inte att deras värde är lika stort när du är med. Eller så kan det vara att du ser så ointresserad ut när du lyssnar att härskaren omedvetet tittar på andra. Skälen till att du blir utesluten kan vara många, men känslan av att vara det är alltid densamma – obekväm. Kör teflonmetoden eller ta upp det med personen enskilt.

"Mitt vinglas har aldrig varit så intressant som då"

På minglet kände jag inte en kotte, så alternativen var att stå själv och se mystisk, intressant eller dum ut. Med rädsla för det sistnämnda tänkte jag att "jag ska vara en amerikansk minglare" och så klev jag in i mingelmatchen. Många spelare på plan, vilken samtalscirkel skulle jag välja? Alla stod ganska tätt ihop och lyssnade intensivt på den som pratade. Jag tog några steg mot en cirkel och ställde mig på jag-ska-inte-störa-avstånd i hopp om att någon skulle bjuda in mig. Det hände inte. Jag gick närmare och blev till slut en del av cirkeln på eget bevåg, men ingen verkade se mig. Jag kände mig riktigt dum och gick och ställde mig själv istället, bättre att se dum ut ensam än bland folk. Mitt vinglas har aldrig varit så intressant som då, jag hoppades att jag lyckades se lite mystisk ut, trots allt.

WALTER

Även om mingel inte ingår i ditt jobb så har du säkert varit med om det någon gång. De där tillfällena då man måste vara så där riktigt trevlig. Det kan vara på fester, bröllop eller i andra sammanhang. Mingel förekommer rätt ofta och det är något som många skulle behöva bli bättre på.

Någon sa att det finns en del skillnader på hur svenskar och amerikaner minglar. Amerikaner tänker: ”Åh, där är någon jag inte känner. Henne ska jag prata med!” Svenskar tänker: ”Åh (puh), där är någon jag känner. Henne ska jag prata med!” Kanske borde vi försöka att åtminstone på den här punkten bli lite mer amerikanska? Då skulle vi få det mycket trevligare när vi går på en fest där vi inte känner så många, och dessutom få chansen att knyta nya, nyttiga kontakter.

TIPS TILL ”MITT VINGLAS ÄR MYCKET INTRESSANT” Ta det inte personligt utan sprid budskapet om de amerikanska minglarna tills saker och ting ändras.

TIPS TILL ”ALLA ÄR INTE INTRESSANTA” Det är viktigt att lyssna på den som pratar, men lika viktigt att se den nya som har anslutit sig till cirkeln. Le, nicka och fortsätt lyssna. Men det viktigaste hänger på dig som pratar, du är högst upp i hierarkin eftersom du har ordet. Nicka och le mot den nya personen för att visa att han eller hon är välkommen i gruppen.

Passiv uteslutning

"Var du inte där är det inte mitt problem"

Jag gick en genuskurs där läraren var kvinna. Under kursens gång ifrågasatte jag de gällande teorierna om genus och hamnade i flera diskussioner med andra kursare och läraren. Jag upplevde att hon inte gillade mig just för att jag hade avvikande åsikter. Kursen skulle avslutas med en hemtenta. Jag märkte att jag inte skulle hinna lämna in den i tid och frågade läraren om jag kunde få två veckor till på mig. Hon sa att det var okej. När jag hade mejlat in hemtentan två veckor för sent (som vi kom överens om) mejlade hon tillbaka och sa att hon inte kunde läsa den och att jag skulle få göra en omtenta i höst. Jag ringde då upp och undrade varför hon hade ändrat sig. Hon svarade att hon hade sagt det under sista lektionen och om jag inte varit där var det mitt problem. Jag förklarade att jag skulle börja jobba till hösten och inte hade tid att skriva en omtenta. Ingen förståelse. Efter ett tag avbröt hon mig och sa: "Nu får du faktiskt inte störa mig mer på min semester."

STEVE

En uteslutning behöver inte vara ett resultat av det någon gör, utan kan också vara det någon väljer att inte göra. Läraren valde att inte ge Steve viktig information som var avgörande för hans examen. Att strunta i att återge viktig information till någon som inte är närvarande är passiv uteslutning. När viktiga beslut ska fattas kan den som vill få sin vilja igenom välja, rent strategiskt, att utesluta personer hon tror kan påverka beslutet i en negativ riktning. Råkar personerna som kan påverka beslutet "negativt" vara frånvarande när viktig information delges, är det ju utmärkt om de inte alls får veta vad som sagts. Härskaren gör inget mer än att inte återberätta. Han eller hon utesluter passivt.

Visst pratar vi mellan raderna och gömmer en hel del underförstått i det vi säger. Frågar jag någon om han har klocka så blir svaret inte "ja" utan jag får direkt klockslaget eftersom det är underförstått att det är vad jag frågar efter. Inte om han äger en klocka. Vi pratar till stor del underförstått, men underförståelsen ligger inte långt ifrån påståendet. "Vad fort du går!" blir underförstått: "Kan du sakta ner lite?" "Vad fort du går, det känns bra att hålla tempot", blir underförstått: "Jag går normalt inte så fort som du, men det är helt okej för jag känner mig hälsosam." Inte så svårt att lista ut, eller hur?

Steves lärare är lite knepigare. Hon sa att "det är okej om du lämnar in tentan två veckor senare", men det hon tyckte att Steve skulle ha tagit som underförstått var "under förutsättning att du kommer på alla seminarier, för jag kan helt plötsligt få för mig att ändra beslutet. Då är det ditt problem om du inte är där när det händer." Hon sysslar med passiv uteslutning. Resultatet av att inte göra något. Detta förekommer ofta och på olika sätt. Är ni tre på en avdelning och du frågar den ena om han eller hon vill äta lunch med dig, men inte frågar den andra så är det passiv uteslutning. Konsekvensen av det du inte gjorde – frågade den andra personen. Steves lärare uteslöt honom passivt genom att ge studenterna viktigt information utan att delge Steve samma information, trots att hon visste att den var avgörande för honom. Konsekvensen projicerade hon tillbaka på Steve: "Du var inte där, alltså får du skylla dig själv."

Vad kunde Steve ha gjort?

Hans situation är beklaglig eftersom läraren avbröt honom och sa att han inte fick störa henne på semestern. Problemet är att hon stör sig själv och Steve genom att inte uppfylla det de kommit överens om. När något så uppenbart sker – att bryta en överenskommelse och sedan projicera det på den som blir drabbad – är det svårt att inte bli upprörd. Men istället för att gå till personangrepp så kan Steve ge argument för sin ilska. Det är inte säkert att det går in, men det är större sannolikhet att läraren lyssnar om Steve har tydlig grund för sina påståenden. Så här kunde han ha gjort istället:

STEVE: ”Hej, jag fick ditt mejl om omtentan i höst. Jag förstår inte riktigt. Sa inte du att det var okej att jag lämnade in tentan två veckor senare?”

LÄRAREN: ”Sista lektionen sa jag att det inte gick. Var inte du där så är det ditt problem.”

STEVE: ”Men du och jag hade en muntlig överenskommelse och så ändrade du dig på sista lektionen? Om det står skrivet att du kan bryta överenskommelser beroende på om man är på en lektion eller inte så måste jag ha missat det. Då är det *mitt* problem. Står det inte skrivet så har du brutit det vi kom överens om, och det är ett problem.”

TIPS TILL ”PASSIVT UTESLUTEN” Berätta konsekvensen av det läraren inte gjorde och fråga om det var hennes intention.

TIPS TILL ”HAR HAN INTE ETT SJÄTTE SINNE ÄR DET SYND FÖR HONOM” Säg inte ”jag gjorde inte något”. Det var exakt det du inte gjorde och det är det som är problemet. Passiv härskarteknik är lika allvarlig som aktiv. Att inte meddela dina kollegor om möten är att räkna med en överförmåga och det är en härskarteknik.

"Jag syns inte, alltså finns jag inte"

Jag satt på en middag med två bekanta häromdagen. Det som hände var inte uttalat, men det kändes. Jag satt på andra sidan bordet och betraktade deras middag. Det låter kanske konstigt men jag var aldrig riktigt med eftersom de bara pratade med varandra och aldrig tittade på mig. De bjöd heller aldrig in mig i samtalet utan ställde bara frågor till varandra. Jag satt och sippade på mitt vin under tiden och blev ganska onykter till slut, eftersom jag aldrig fick en pratpaus. Det slutade med att jag sa att jag nog skulle åka hem. Då sken de upp och log och bara sa "okej, ha det så bra!". Jag tror inte att jag vare sig var önskad eller saknad den kvällen.

ANNIKA

Är ni tre stycken i ett sällskap och du bara tittar på en av personerna när du pratar så utesluter du den tredje. Skälen kan vara många: att du blir nervös, ogillar en person eller kanske tycker att den du tittar på är mer intressant. Men konsekvensen är densamma: du utesluter den tredje. Det här händer så ofta att jag vågar påstå att det är den vanligaste härskartekniken. Skälen är många till att det händer, det svåra är hanteringen när man är den som blir utesluten.

Det hände mig för en vecka sedan när jag blev inbjuden till ett panelsamtal för Kairos Future. Ett superspännande event där de hade bjudit in experter från olika områden för att diskutera trender. Jag bjöds in som generationsexpert eftersom jag har skrivit boken *Du är din generation.* Vid mitt bord satt tre andra som jag inte kände till men ska vi kategorisera så var alla cirka femton, tjugo år äldre än jag. Jag satt mellan två kvinnor och tvärs över mitt bord satt en man. När vi skulle diskutera frågorna som Kairos Future tog upp så noterade jag att mannen tvärsöver bara tittade på kvinnorna som satt jämte mig. Det var så tydligt eftersom han hoppade över mig med blicken när han pratade, jag satt ju trots allt i mitten. Det har gått tre år sedan *Härskarteknik* publicerades och det känns som att jag är veteran på att identifiera härskartekniker, men att hantera uteslutningsmetoden när man själv blir utesluten är alltid en utmaning. På mina föreläsningar brukar jag säga att det är de övriga i gruppen som ska inkludera den uteslutna. Men något måste man väl ändå kunna göra själv? För mig själv antog jag utmaningen att komma in i gruppen smidigt utan att vara otrevlig eller ställa till med en scen. Han visste nog trots allt inte att eller varför han exkluderade mig. Jag studerade honom noggrant och funderade. Kanske var det så att jag gett honom ett dåligt intryck när jag kommit in rummet? Han kanske trodde att jag var en arrogant typ? Vi generaliserar ju extremt mycket och det kan vi inte rå för, kanske hade jag hamnat i fel mental box hos honom – den otrevliga boxen? Då bör jag ju ge honom skäl att tänka annorlunda. Jag tog tag i vattenflaskan mitt på bordet och såg att alla hade vatten utom han så jag log mot honom och sa: ”Ursäkta att jag avbryter men jag undrar bara om du vill ha vatten?” Han log förvånat mot mig och svarade ”nej tack, jag har redan druckit en massa”. Sedan hällde jag upp vatten åt mig så att det inte skulle se konstigt ut.

Nu fick jag lite mer uppmärksamhet. Han hade förstått att jag i alla fall var en trevlig typ, så den mentala boxen hade jag tagit mig ur nu. Men han tittade fortfarande mest på de andra, han kanske trodde att jag inte var så smart. Han var typen som älskade att briljera med akademiska begrepp. Han kunde säga "kognitiv dissonans", le och titta menande på kvinnorna bredvid mig som ändå mest verkade le lite nervöst. Jaha, det är en sådan, tänkte jag för mig själv och log. Sedan klev jag helt enkelt in i diskussionen på det sätt som Nelson Mandela har sagt är riktigt bra för framgångsrik kommunikation:

> If you talk to a man in a language he understands, it will go to his head. If you talk to him in his language, it will go to his heart.

Nu hade jag inga planer på att vinna hans hjärta, men hans uppmärksamhet. Tyckte han att akademiskt språk var värt hans uppmärksamhet så var det exakt det han skulle få. Ett litet sketet kodat akademiskt begrepp som skulle få honom att känna att jag var någon man kunde titta på när han pratade. Vi hade en kort akademisk dialog, men premisserna – den egentliga meningen var inte det vi sa utan det vi sa mellan raderna.

Jag inledde med: "Det är lite härligt att få ett metaperspektiv på något som man egentligen inte kan metareflektera över, vi sitter ju fast i sörjan." (Det jag egentligen sa var: Jag är inte så korkad som du tror, jag är rätt smart. Kanske smartare än du.)

Hans ögon blev stora och förvånade på samma gång när han sa: "Ja, vi får en pseudouppfattning om att vi har ett macrometaperspektiv." (Det han egentligen sa var: Jaså, är du så smart, jag ger dig några fler akademiska begrepp, klarar du dem så är du hemma.)

Jag log instämmande och svarade: "Ja, jag avskyr när det blir så. Man luras att tro att man sitter på toppen och ser 'the big picture'. Det är ju en hyperbol att vi skulle kunna se den." (Det jag egentligen sa: Du, jag kan dina begrepp *och* några till! Vad sa du nurå?)

Han skrattade till svar och det innebar att jag var hemma. Det enda problemet var att han bara tittade på mig sedan, de andra två kvinnorna fick ingen mer uppmärksamhet. Och det är ju också ett problem, men jag hade i alla fall löst mitt.

Vad skulle Annika ha gjort?

Det kan ha varit så att du varit för passiv under middagen. Nästa gång ska du ställa frågor om det som de pratar om och ställ frågorna intresserat. Det är svårt att ignorera någon som är intresserad av det man pratar om. En annan sak du ska fundera över är ditt kroppsspråk när du lyssnar. Hur vi ser ut när vi lyssnar kan påverka huruvida vi får uppmärksamhet eller inte. Satt du passivt med sur min och armarna i kors när dina bekanta pratade så kan de ha dragit slutsatsen att du egentligen inte ville vara där och heller inte var intresserad. Nicka när personer pratar för att bekräfta att du lyssnar. Det är mycket lättare att tala till en aktiv lyssnare än en passiv.

Skulle du ändå inte få uppmärksamhet så blir det svårt – då har du två personer som utesluter dig aktivt. Då var det helt rätt av dig att gå, frågan är om du inte skulle ha gjort det tidigare. Livet är för kort för att slösa tid på folk som ändå inte uppskattar dig.

Men hade det däremot bara varit en i sällskapet som hade uteslutit dig så finns det en kroppsspråksteknik. Eftersom härskaren oftast inte märker när han eller hon utesluter så skulle personen ifråga bli ganska förvånad om du berättade det, och skulle förmodligen inte hålla igång ett lika effektivt samtal efter ett sådant påpekande. Något man däremot märker är när man själv blir utesluten. Jag frågade en gång en publik på cirka hundra personer hur många som hade blivit uteslutna ur ett sammanhang någon gång. Alla händer var uppe i luften. Men när jag frågade vilka som hade uteslutit var svaren inte lika självklara. Ingen var riktigt säker. Du märker när du blir utesluten och den instinktiva känslan är att söka härskarens uppmärksamhet för att upprätta din position i sammanhanget. Mitt råd är: Uteslut personen som uteslutit dig genom att ge härskaren mindre uppmärksamhet än de andra i sällskapet. Men gör det bara en gång. Om personen är en omedveten härskare kommer hon att söka din uppmärksamhet nästa gång ordet kommer till henne. Då är jämställdheten i samtalet återställd och ni får en trevligare konversation.

När jag håller utbildningar i modern retorik och förhandlingsteknik så är det många kvinnor som berättar att de blir uteslutna i förhandlingar. ”Männen utgår från att min manliga kollega har mer auktoritet än jag så de tittar bara på min kollega.” Då ger jag dem tipset att utesluta härskaren. Det är spännande att se hur förhandlingen vänder och härskaren söker kvinnans uppmärksamhet helt plötsligt. Kvinnorna konstaterar bara att det fungerar riktigt bra – testa det, Annika!

Vad skulle Annikas sällskap ha gjort?

Sitter ni på middag tillsammans så är det väl bra om alla får vara med? Du som utesluter, försök att fördela blicken så mycket det går för att undvika uteslutningsmetoden. Det gör gott intryck på alla. Det kanske var så att Annika såg sur ut, men en viktig regel som jag delar med mig till dem som vill bli skickliga konversatörer är att fördela blicken på precis alla i sammanhanget oavsett hur de ser ut när de lyssnar. För hur vi ser ut när vi lyssnar betyder – ingenting. Det kan gå väldigt fel när man överanalyserar folks kroppsspråk när de lyssnar för det är precis då som de inte använder det. Hur du ser ut när du lyssnar beror inte så mycket på ditt sinnestillstånd, snarare din mimik. Vissa har ofrivilligt mungipor som pekar nedåt. Kika på ditt kroppsspråk när du har avslappnad mimik så ser du vad andra ser.

Jag hade en föreläsning i Umeå för en skara egna företagare. Som föreläsare så är man oerhört nyfiken på vem som är den kritiska i publiken, det brukar alltid finnas någon som aktivt använder kroppsspråket för att visa sitt ointresse eller säger något för att sänka dig. Att gå på kroppsspråket är ju helt fel, men ibland begår vi det misstaget. Jag upptäckte en person som jag trodde hatade mig och min föreläsning. Det jag inte visste då var att det var kändiskocken Fredric Andersson som äger och driver restaurangen Sävargården i Umeå (som för övrigt har fantastiskt god mat). Han såg väldigt sur ut när jag pratade om hur man kan använda signalfärger strategiskt i sin vardag. Men inte bara det, han såg kritisk ut hela tiden. Så vad gjorde jag? Exakt det man inte ska. Jag kände mig så säker på min sak att jag drog ett ”hypotetiskt” exempel och sa ”ibland finns det folk som är kritiska”. Medan jag sa det tittade jag extra länge på Fredric. Jag fortsatte: ”De kan tycka att det man säger är *skit*”, sa jag med emfas på skit och tittade på Fredric igen. Lyckligtvis uppfattade varken han eller publiken att jag gjort så. Efter föreläsningen fick jag varma applåder och en stor kram av… Fredric! Med kommentaren: ”Det här var det bästa jag har hört! Du måste följa med mig till min restaurang! Vi har gula väggar i köket för att kockarna ska vara pigga och glada! Ja, du förstår, det är ju helt otroligt intressant det här!" sa han och jag tappade hakan och skämdes som en hund. Jag följde med honom till restaurangen och vi hade massor gemensamt. Vi är till och med goda vänner idag. Så gå aldrig på hur folk ser ut när de lyssnar, titta på alla oavsett.

"Ekot"

I gruppsamtal är det väldigt vanligt att folk utesluter genom att upprepa det någon redan har sagt som om det var första gången det sades. Jag kallar dem ekon. Det de gör är ett utmärkt sätt att utesluta folk och få dem att känna sig som spöken. Det hände nästan hela tiden på mitt förra jobb och oftast var det männen som gjorde anspråk på de nya idéerna trots att de hade kommit från en kvinnlig kollega sekunden innan. Jag vet inte om det var medvetet, men när vi kvinnor hade uppmärksammat det så började vi rent strategiskt säga: "Jag sa precis det här, var det någon annan som hörde det?" Då bekräftade vi andra det och sa att vi hört det innan han valde att agera eko. Gör man så blir det uppenbart att han eller hon som upprepar det du sa bara är ett eko. Visst kan det vara trevligt med eko, en härlig retorisk effekt, men då ska det vara ekots syfte också – vilket sällan är fallet här.

TIPS TILL DIG SOM BLIR UTSATT FÖR EKON Fram till nu har vi fokuserat på hur du kan hantera härskartekniker på egen hand. När det kommer till kritan har du framför allt dig själv. I det här exemplet behöver du dock aktiva lyssnare som kan bekräfta att du sa det du sa innan ekot trädde fram och försökte axla din mantel som om du aldrig burit den. Leverera följande replik till ekot: "Lustigt att du säger det, för jag sa precis samma sak för fem sekunder sedan. Men du kanske inte hörde det?" (Le.)

TIPS TILL "EKOT" Lyssna på vad andra säger. Tycker du att något som exempelvis Lena yttrat låter bra, säg: "Det Lena sa lät som en bra idé." Tycker du att det bör sägas igen, be Lena göra det eller citera henne. Men inled med: "Som Lena sa..." Många pluspoäng där och de går till dig, just för att du lyfter fram andra istället för att utesluta dem.

"Jag fick min anställningsförfrågan på en post it-lapp."

Jag var tjugo år och hade fått mitt första heltidsjobb. Det var som lärare på en högstadieskola. Jag var klassföreståndare samt lärare i spanska och svenska. Jobbet var ett vikariat under en termin. Jag jobbade hårt, och det fungerade väldigt bra med såväl kollegor som elever och föräldrar. När terminen började lida mot sitt slut så hade jag inte hört något från rektorerna om hur det skulle bli med min tjänst nästkommande termin. Ryktena sa visserligen att de inte hade skaffat någon annan som skulle ta över och mina kollegor "antog" att jag skulle bli ombedd att stanna kvar, men de två rektorerna hade inte sagt ett ord. Jag ville själv fortsätta min tjänst, men ville samtidigt inte ta initiativet att fråga om det, utan hellre vänta in dem. Dagarna gick och jullovet närmade sig. Två dagar före julavslutningen hittade jag ett kontrakt i mitt fack - ett anställningsavtal för ytterligare en termin - och på dessa papper satt en post it-lapp där meddelandet löd: "Har vi skrivit något om våren? Om inte, underteckna dessa och returnera till mig." (Överst stod även mitt namn, felstavat.)

Jag ville ju som sagt gärna jobba kvar, och hade inget annat jobb att gå till, men blev besviken på tillvägagångssättet eftersom jag snarare hade hoppats på något i stil med: "Vi tycker du gör ett bra jobb, är du intresserad av att fortsätta?" De underskattade också min intelligens, jag skriver inte på vad som helst utan ett möte. Jag visste också att de skulle få väldigt svårt att rekrytera någon ny på bara ett par veckor om jag slutade. Så jag bestämde mig för att markera tillbaka - tog min egen post it-lapp, skrev "nej tack", satte den på pappren och la tillbaka dem i rektorns fack.

Nästa dag blev det plötsligt fart på rektorerna och de kallade in mig till sitt kontor och sa lite nervöst skrattande att "ja, det är ju inte så vanligt att en ung tjej kommer och sätter två män på pottkanten så här, hehe. Vi vill gärna att du jobbar kvar här nästa termin också!" Plötsligt satt jag med alla starka kort på handen och kunde lugnt säga: "Ja, jag kan tänka mig att jobba kvar här. Om jag får vara ledig en dag i veckan men behålla min fulla lön, samt få mitt månadskort betalt." Och det fick jag. Jag stannade i tre terminer till och slutade sedan på egen begäran.

SARA

Ja, hur många gånger efterkonstruerar man inte hur man borde ha hanterat folk som underskattar en eller utövar härskartekniker. Härligt att Sara gjorde det direkt och gjorde det bra.

"Då är det hockey"

Jag satt med i bostadsrättsföreningens styrelse och vi skulle komma överens om när vi skulle ha vårt nästa möte. Larsa föreslog fredag.

"Jag jobbar då", sa jag och föreslog torsdag istället.

"Då är det hockey", sa Larsa och tittade på Henke.

"Jag ska på fest på onsdag", sa Henke.

"Ja, men då blir det fredag", sa Larsa.

MELINA

Det behövs ingen expert för att konstatera att hockey och fest inte är viktigare än Melinas jobb. Här gick gruppens intressen före individens måsten. Killarna frågade inte heller henne om det var okej om mötet lades på fredagen. Indirekt sa de att Melina inte var viktig. Sådana här scenarion kan gå väldigt fort och som förtryckt undrar man stilla om det verkligen hände eller ”var det bara i mitt huvud?”. Lite senare när mötet är över och alla har gått hem förstår man vilka idioter man har att göra med. Det som gör att härskarna får fortsätta är att många inte fångar situationen utan stannar i förtrycket.

TIPS TILL MELINA Fånga situationen och fråga varför hockey och fest prioriteras framför ditt jobb. Låt det inte passera.

TIPS TILL "MITT GÅR FÖRE DITT" Underskatta aldrig en person bara för att hon inte behärskar maktspråket. Det är mycket möjligt att hon kommer att ha makt någon gång. Det är inte 1932 längre. Du kan aldrig se makt, den har inget ansikte. Makten är idag ofta lika med vita män i kostym, men sakta börjar folk förstå att kompetens kan komma i fler former än som kostymnissar. Ta en titt omkring dig, du kanske har en framtida chef, professor eller förskollärare bredvid dig? Om det är makt du vill komma åt och fjäska för så kan vi fråga oss vilka det är som sitter på den. Är det inom de mansdominerade yrkena? Är det journalisterna som kan vinkla nyheter bäst de vill om de känner för det?

Kännetecken för uteslutningsmetoden

Du blir inte sedd i en situation där du borde bli sedd. Det kan vara i allt från ett samtal på tre till en debatt med åtta personer. Det kan vara när du skulle hålla ett tal på ett bröllop och ditt tal "glöms bort". Eller när en fest hålls hemlig för dig medan resten av din umgängeskrets går. Situationerna är många men känslan densamma: du blir osedd och därmed obetydlig. I pr-branschen brukar man säga "syns du inte så finns du inte" – det är känslan du får när du blir utsatt för uteslutningsmetoden.

Därför förlorar du på att utöva uteslutningsmetoden

Personer som utövar uteslutningsmetoden upplevs som arroganta och ofokuserade. Om folk uppfattar dig så kommer de vara mindre benägna att lyssna på dig eller hjälpa dig när det krisar. En av de viktigaste delarna inom retoriken som man bör väcka inledningsvis i en konversation eller presentation är välvilja. Får du en person att gilla dig kommer samma person utgå från att du har bra saker att säga. Väcker du tvärtemot en känsla av arrogans så är det exakt så personen kommer uppfatta dig. Det här är en psykologisk effekt som kallas haloeffekten. Det första intrycket överskuggar, eller förgyller, de senare. Och vice versa. Är du otrevlig så kommer lyssnaren att också dra andra ofördelaktiga slutsatser om dig och det du säger. Frågan är om du har råd med det? Jag var utesluten när jag studerade retorik. Lärarna var fantastiska, men vissa av de andra studenterna hade problem med min ålder. ”Tjugo år är ju ingen ålder och Elaine kommer ju inte att bli något. Jag tar sikte på Maria istället, hon har en massa kontakter och kan säkert ge mig uppdrag.” Jag var ganska långt ner i hierarkin, och det var fascinerande att se uteslutningsmetoden förekomma så uppenbart. Det gick så långt att jag experimenterade med situationerna när de väl uppstod. Det kunde se ut ungefär såhär:

JAG: ”Det här med pathos tycker jag är viktigast eftersom det vädjar till känslan.”

KURSARE: ”Ja, absolut det tycker jag med.” (Mycket uppmärksamt.)

JAG: ”Jag vet en gång då en föreläsare var helt logosorienterad” (Här kommer en ”viktigare” person in och uppmärksamheten försvinner från mig till den nya. Jag börjar experimentera.)

JAG: ”Och då tänker jag att man kanske skulle börja äta bananer på heltid? Vad tycker du om det?!” (Jag höjer rösten i sista meningen och kursaren blir lite chockad men ler.)

KURSAREN: ”Absolut, jag håller med. Pathos, gå på känslan ...”

Härskarteknik är den fula vägen till makt, men socialt kompetenta personer får välförtjänt makt för att de behandlar folk bra. Eftersträva att vara det senare – du kommer tjäna på det och folk kommer att gilla dig. Jag tänker på det Bill Gates sa, som för övrigt blev mer än utesluten, han blev mobbad under sin uppväxt:

Be nice to nerds, chances are you'll end up working for one.

Så hanterar du uteslutningsmetoden

Det här är den enda härskartekniken som kräver lite hjälp av oss som bevittnar att någon blir utesluten. Det är svårt att kliva in själv som utesluten. Så jag riktar mig till er andra nu. Är ni ett sällskap på tre och du märker att en i sällskapet bara talar till dig trots att en till är med? Då ska du ställa frågor till den uteslutne och titta på henne. Skulle det finnas tillfälle så säg diskret till härskaren (viktigt att den uteslutna inte är där då) att: ”Du är säkert inte medveten om det här, men du tittar bara på mig när du pratar och jag tror att det gör att Anna inte känner sig delaktig. Du kan väl tänka på det?”

Bevittnar du det på ett möte att några systematiskt utesluter varandra så tycker jag att du och några andra kan försöka skapa balans i gruppen systematiskt. Alternativt prata om fenomenet och lösa problemet.

En sak är viktig att komma ihåg: Gör du ingenting så bidrar du till uteslutningsmetoden. Jag tog ju upp att uteslutning även är en passiv handling. Jag kan bäst sammanfatta passivitet med Martin L Kings ord:

> In the end, we won't remember the words of our enemies. But the silence of our friends.

6

HIERARKIMETODEN

I den här metoden utnyttjar härskaren sin position för att förtrycka eller tysta andra. Många tror att det enbart handlar om att chefen förtrycker sina anställda, men det kan lika gärna vara tvärtom eller i helt andra sammanhang. Det finns många olika kulturer och platser, och beroende på var du är någonstans så har olika positioner olika värden. I en del kulturer är det föräldrarna som har makten. I andra är det barnen. Vilken position har mest makt på din arbetsplats, vänskapskrets eller familj? Och varför är det så? Just *varför* är en strategi att hantera hierarkihärskaren. Det är härskaren som utnyttjar antingen över-, under- eller mellanläget för att härska.

"Han allierar sig med kollegor genom skitsnack"

Jag har en kollega, Paul, som skapar allianser på jobbet genom att "lite oskyldigt" snacka skit om dem som inte är överens med honom. Paul ville ändra vissa rutiner på jobbet och en annan kollega, Bertil, ville göra det annorlunda. Då kom Paul till mig och sa: "Du, jag vet inte om du har tänkt på det. Men Bertil är kritisk till allt jag säger, trots att det jag tar upp gynnar honom. Kolla hur han kommer se ut när jag ber om ordet på mötet så ser du." Paul sa det här på ett bekymrat och nästan omsorgsfullt sätt gentemot Bertil, så mina sympatier gick till Paul. Jag hade inte gjort det annars, men denna gång så observerade jag Bertil under personalmötet. Mycket riktigt så grimaserade Bertil i samma sekund som Paul bad om ordet. Jag ryckte in som om jag vore en vakthund och frågade Bertil: "Varför ser du så skeptisk ut, Bertil? Paul har ju inte sagt något ännu." Bertil fick stora förvånade ögon och Paul lutade sig tillbaka med ett mycket skadeglatt leende mot Bertil. Jag insåg att jag var ett offer för Pauls giftiga spel. Senare fick jag höra att Paul systematiskt frös ut Bertil, som sa upp sig tre veckor senare. Jag ångrar djup att jag tog del i alliansspelet.

FOLKE

Paul sysslade med hierarkimetoden genom att använda mellanläget för att härska. Han skapade ett underliggande dilemma för hela personalen och det var: ”Antingen är du för mig eller för Bertil.” Med en giftig tunga och fult spel så lyckades han få över så många på sin sida att Bertil till slut sa upp sig. Paul skapade ett falskt dilemma, samma metod som Bush utnyttjade under kriget när han sa: ”Antingen är ni för oss eller för terroristerna, ni väljer.” En hel värld, som inte alls hade med konflikten att göra, valde. Samma fälla hamnade Folke i – han valde mellan Paul och Bertil när han istället kunde gjort ett tredje val: låta andra ha sina problem eller konflikter själva och ägna sig åt det egna livet. Hala och giftiga personer som Paul är varje arbetsplats värsta fiende. Det är sådana som han som gör att lagandan försvinner, de är inte längre medarbetare utan motarbetare.

Har ni hierarkier på ditt jobb? Förmodligen finns det mer eller mindre sådana. Hierarkier finns överallt. Ja, till och med om sammanhanget är nytt och personerna aldrig har träffats förut så skapas det snabbt en hierarki. Det kan vara han som väljer att vara tyst inledningsvis och sedan säger något med dånande röst och tyngd. Han kan hamna överst i hierarkin. Men det kan även hon som tar kommandot inledningsvis och håller tyst resten av tiden. Vem som är på toppen och i botten av hierarkin skapar vi tillsammans och det är också vi som håller hierarkin uppe. Vi kan även bryta ner den med just hierarkimetoden.

Hierarkier blir ett problem om folk utnyttjar dem för att förtrycka andra. Man ska se sin position som ett bidrag och en styrka för sig själv och andra, eller så kan man utnyttja den för att få andra att känna sig sämre. En läkare är till exempel en tillgång på ett sjukhus, men samma läkare kan utnyttja sin position för att förtrycka genom att säga: "Du, jag är läkare och du är *bara* sjuksköterska." Ser man inte andra personers värde på arbetsplatsen så riskerar man att utöva hierarkimetoden.

Vad skulle Folke ha gjort?

Jag har pratat om skitsnack tidigare i boken och det bästa sättet att hantera det är att varken delta eller lyssna på det. Det är en sak om en person vill bolla ett problem som han inte kan tackla. Om personen kanske inte är säker på om han agerar eller tänker rätt så kan det vara bra att ge sitt perspektiv. Men har personen däremot en klar ambition att få dig emot någon, då ska du backa några steg – gärna innan du hör skitsnacket. För skitsnacket kommer påverka din uppfattning av personen det rör.

Här blir det viktigt att prata om *priming*. Priming är när en tidigare upplevelse påverkar en senare. Det kan vara att du sett ett program om bilar och senare under dagen observerar du bilar omedvetet. Samma sak är det om du hör talas om en persons dåliga egenskaper innan du träffat henne. Omedvetet kommer din hjärna att söka upp dessa dåliga egenskaper trots att de kanske inte finns.

Ett par jag känner har sitt gemensamma barn på ett dagis.

Mamman kom hem och klagade till pappan över hur otrevlig en av pedagogerna var. Nästa dag hade pappan hämtat dottern och han instämde: ”Hon var verkligen otrevlig den där Ylva, precis som du sa! Spinkig och sur, hon behöver nog en stor måltid mat!” Men mamman höjde på ögonbrynen: ”Spinkig? Nej, du måste prata om Anna. Den mörkhåriga med blå ögon?” ”Ja, exakt, en riktigt otrevlig person”, sa pappan. ”Men Anna är ju jättetrevlig, jag pratade om Sara, den korta mulliga tjejen.”

Informationen som hon hade gett pappan innan hade primat honom att söka upp negativa egenskaper och trots att de egentligen inte fanns så hittade hans hjärna dem. Det är nackdelen med att snacka skit och lyssna på skit.

Så Folke – för att skydda din hjärna säg: ”Ta problemet med Bertil, jag känner inte att jag har med det att göra.”

Vad skulle Paul ha gjort?

Det är en sak Paul behöver veta om hur personer ”är”, vi är relativa. Som du är med vissa är du inte med andra. Om du skulle be dina vänner, familj och ex ge en beskrivning av dig så skulle utgången bli väldigt olika eftersom personkemin är olika med var och en. Så egentligen kan du aldrig säga hur någon är, du kan bara säga hur personen är i relation till dig. Folke och Bertil kanske skulle få en helt annan relation än vad Paul fick med Bertil. Varför prima Folke med en bild som Paul fått, kanske bara vid något enstaka tillfälle. Det spelar egentligen ingen roll om Paul har fått intrycket flera gånger, det är ju hans och Bertils relation – inte Folke. Paul ska akta sig för att blanda in folk i sina problem, livet är för kort för det.

Känslor du har för en person är också för *den* personen, ge inte bort dem till andra. Så är du arg på Bertil, ta det med honom, det är inget för oss andra.

Försök att ha som utmaning att inte snacka skit om folk. Bara för att se hur mycket skit du pratar så tycker jag du ska skriva ner hur många konversationer du har haft under en dag då du har pratat illa om någon annan. Mest för att du ska få perspektiv på det hela. Tänk om du kunde skifta den lappen till att det stod hur många gånger du hade pratat positivt om andra. Jag tror att skiftningen inte bara skulle få dig att må bättre, folk skulle uppskatta dig mer också. Inte minst Bertil. Du skulle prima dig själv till att se positiva saker hos folk och i vardagen. Hur bra utdelning skulle inte livet få då? Tänk och gör om, Paul.

"Är du rasist eller?"

Den kommentaren fick jag från en mörkhyad tjej som jag nekade jobb under en anställningsintervju. I USA pratar man ju om den här typen av härskartekniker och kallar det "she's pulling the race card". Men här i Sverige är det inte lika etablerat. Det värsta med scenariot är att jag satt tyst när hon sa det, inte för att det hon sa stämde utan för att jag verkligen inte vet hur man tacklar sådana situationer.

GUNILLA, REKRYTERARE

Det vi ser här är en person som använder underläget för att härska. Och med underläge menar jag att hon utnyttjar sin lägre position i samhället. Normen är vit, heterosexuell, man i medelåldern. Den som avviker hamnar längre ner, men det betyder inte att Gunilla, eller någon annan, av de skälen inte skulle anlita någon som avviker. Men ändå använder den arbetssökande det som skäl till att hon inte skulle få jobbet. Om du är yngre, kvinna eller av annan etnicitet är det lätt att använda följande meningar för att få tyst på folk: Är det för att jag är yngre? Är du rasist? Ditt gubbslem!

Problemet är att har du fel så är det väldigt tunga anklagelser som du inte kan vifta med lättvindigt. Det finns många som använder sitt underläge i förhållande till normen för att trycka ner män. Jag tror att det är åtskilliga män som ständigt trippar på tå just för att de kan bli anklagade för allt möjligt bara för att de anses vara högst upp i hierarkin. Den här härskartekniken gränsar till martyrskapet eftersom härskaren sätter sig i ett underläge. Men det är en hårfin skillnad. Härskaren går till attack och projicerar en intention till det du gör eller säger. Rasistkortet är inte ovanligt, inte heller kvinnokortet: ”Så säger du för att jag är kvinna”, eller kanske chefskortet: ”Så säger du bara för att du är chef, du tror att du kan bossa hur du vill.” Hur hierarkierna än är så använder härskaren underläget i sammanhanget för att förtrycka dig. Lär dig genomskåda det.

Vad skulle Gunilla ha gjort?

Först och främst behöver du veta att det den arbetssökande gjorde var ett personligt påhopp. Att sitta tyst är inte ett alternativ när påhoppet inte är befogat. Sätt en gräns istället genom att säga: ”Det finns rasister i världen, jag är inte en av dem. Ska du dra rasistkortet varje gång du inte får jobb så kommer du få söka länge. Lägg istället krut på att stärka det som gör att du inte får jobb. Här är skälen till att du inte fick jobbet…” Sedan ska du sakligt gå igenom vad det var som gjorde att hon inte fick jobbet. På så sätt har du ställt de verkliga skälen mot hennes ”rasistskäl” och dessutom gett henne konstruktiv kritik för framtiden.

Uppfattar du att någon trycker ner dig med sitt underläge utan att säga det så fråga. Säg att du inte riktigt vet vad du ska säga för att det känns som om du när som helst kan bli anklagad för att vara något som du inte är. Rikta uppmärksamheten mot varför du säger så eller gör det du gör. Peka på handlingen och dra fokus från dig som person. Förklara att det inte ligger några generella värderingar av människor bakom det du säger eller gör. Du är värd en ursäkt. Det är lättare att ge en ursäkt till någon som berättar att han eller hon är ledsen över falska anklagelser.

Vad skulle den arbetssökande ha gjort istället?

Först och främst så känner jag med dig, jag har varit i dina kläder. Överallt såg jag homogena arbetsplatser där alla var vita, schablonsvenska trots att definitionen av att vara svensk inte är densamma som den var 1942. Varannan åttiotalist har annan etnisk bakgrund och det är till och med så att var femte svensk har det numera. Det finns arbetsplatser som är upptagna av att hitta rätt ålder eller ”rätt form” för kompetensen istället för att hitta den rätta kompetensen. Men alla arbetsplatser är inte så. Det håller på att bli bättre, inte minst kommer det förändras i takt med att åttiotalisterna kliver in på arbetsmarknaden och fyrtiotalisterna går i pension. Arbetsgivarna tvingas rekrytera nya former för kompetensen. När jag sökte jobb som nyutexaminerad student så trodde jag på fullaste allvar att alla arbetsgivare var rasister, att det var de som stod för segregationen i Sverige. Den inställningen gjorde att jag inte fick några jobb eftersom jag redan hade gett upp när jag satt i intervjustolen. Jag fick konstruktiv feedback från en som jag hade anklagat för att vara rasist. Hon sa: ”Elaine, är det därför du har varit så sur från första stunden som du klev in här? För anledningen till att jag inte vill anställa dig är verkligen inte ditt cv – det ser bra ut och du har den kompetens vi söker. Din attityd däremot känns inte bra. Du har varit fientlig från första sekund.” Den feedbacken var helt ovärderlig och jag vill ge den till dig. Tanken styr kroppsspråket och kommer du tänka ”rasist” så kommer det genomsyra ditt kroppsspråk och rekryteraren kommer få dåliga vibbar. Tänk istället på vad du skulle kunna bidra med till företaget. Visualisera att du redan jobbar där så kommer du ha en betydligt trevligare utstrålning. Kompetens är väldigt viktigt när man söker jobb, men det är oftast den sociala kompetensen som avgör huruvida du får jobbet eller inte.

Rent allmänt skulle du i fortsättningen fokusera på vad personen gör, inte vem som gör det. Fråga dig själv varför du inte gillar det han eller hon gör. Är det för att det är just en ”han” eller ”hon” som gör det så riskerar du att drabba någon med hierarkimetoden. Fråga istället varför personen gör eller säger det han eller hon gör. Låt personen förklara innan du sätter etiketterna ”rasist”, ”gubbslem”, ”lilla gumman” eller något annat nedlåtande.

”Är det du eller jag som är chef?”

Jag har en chef som vi anställda rent ut sagt är rädda för. Att jobba där jag jobbar är ingen dans på rosor. Vi går ständigt runt och trippar på tå. Han gör en svag mentalt genom att hela tiden ifrågasätta vad vi gör och varför. Det kan vara en sådan banal sak som att koka kaffe. Han kan se på kritiskt och studera hur man kokar kaffet. När man kommer med förslag på förbättringar så har han sin klassiska fråga som ska få en att känna sig dålig: "Är det du eller jag som är chef?"

JONATHAN

Och så slutligen så får vi bevittna hierarkimetoden när den används ur ett överläge. Man får folk att känna sig mindre värda eller under en genom att utnyttja överläget. Det får mig att tänka på en kryssning jag föreläste på för fyra år sedan. På samma kryssning var det cirka 500 poliser som var där på konferens. Vd:n till företaget som anlitat mig gick fram till en av poliserna och skojade lite: "Jaså, nu är det ett gäng poliser här, då ska man vara rädd." Polisen log medan han sa: "Då har vi verkligen misslyckats som poliser. Tvärtom så ska ni ju känna er trygga när det är 500 poliser på båten."

Men de poliser som utnyttjar sitt överläge i samhället sprider en orättvis bild om deras roll i samhället. De ska signalera trygghet, inte rädsla. Samma sak är det med vakter på klubbar. De som går runt och sprider rädsla till gästerna missköter sitt jobb, de ska ju stå för lugnet och tryggheten. Precis som chefen på Jonathans jobb inte ska vara ett hot utan en trygghet och en tillgång.

Vad skulle Jonathan ha gjort?

Det är väldigt svårt att konfrontera någon som man står i beroendeställning till. Jonathan vill inte förlora sitt jobb eller hamna i dålig dager hos sin chef, så vad gör han? Först och främst så verkar det som att alla på jobbet framstår i dålig dager hos chefen, det har han tyvärr sett till. Vad det beror på är svårt att säga och egentligen är det inte Jonathans uppgift att försöka förstå

– det får en psykolog göra. Men han kan i alla fall fråga chefen om det är något han tycker att Jonathan gör fel och dessutom förklara att han vet att han är chef och inte Jonathan. Gör så här:

DU: ”Jag har det här förslaget som vi skulle kunna testa.”
CHEFEN: ”Är det du eller jag som är chef?”
DU: ”Varför frågar du det? Jag försöker inte ta chefsrollen när jag kommer med förslag, utan jag tänkte att du kanske skulle gilla förslaget? Det är självfallet du som bestämmer i slutänden, det vet vi alla. Det är ett förslag, inte en order.”

Det kan kännas läskigt att säga det här till chefen, men uppenbarligen så lägger han något helt annat i dina förslag och därför är det viktigt att du berättar vad du menar. Du vill ju bara inte att chefen ska tro att du försöker bossa när du egentligen försöker göra det bättre på arbetsplatsen.

Vad skulle chefen gjort istället?

Det är många arbetsplatser som tappar kompetent arbetskraft just på grund av att de har en arbetskultur där cheferna misstror sina anställda istället för att lita på dem. Gå inte runt och spionera på dina anställda. Tänk dig själv om någon hade gjort det mot dig helt obefogat. Du kanske tycker att det är befogat att leka spion, att de inte gör vad de borde. Säg i sådana fall vad de behöver bli bättre på, vänta inte på att de ska göra bort sig. Du är lagkapten, jag tror inte ditt lag spelar bättre om du inte litar på dem – tvärtom. Var deras guide och förklara hur du vill att saker och ting ska göras. Men gå längre än så, fråga dem hur *de* vill att saker ska göras. Lyssna på deras förslag, du kanske blir förvånad och lär dig något nytt. Utnyttja inte din position för att förtrycka andra, de förlorar på det och du kommer snart förlora arbetskollegor. Är inte din arbetsplats attraktiv så kommer folk söka sig därifrån. Gör arbetsplatsen attraktiv genom att vara en coachande och trygg chef.

Kännetecken för hierarkimetoden

Det är när härskaren använder sin position i sammanhanget för att förtrycka dig. Och positionen saknar oftast relevans för det ni pratar om. Beroende på sekel, sammanhang och andra tidpunkter så är det olika hierarkier som gäller. I vissa länder är Gud den störste, i andra länder presidenten, kungen, statsministern eller diktatorn.

Därför förlorar du på att utnyttja hierarkimetoden

Ska vi prata retoriskt så är det nog det sämsta sättet att övertyga någon. Du behöver argument för att få folk att tycka som du, inte positioner. Visst finns det de som använder auktoritetsskäl för att övertyga. De säger ”jag är din chef och därför ska du tycka som jag”. Auktoritär uppfostran på barn används tyvärr också: ”Du ska göra som jag säger för att jag är din pappa!” En bättre metod än skrämselretorik är att få folk att inse att saker och ting är bra för dem. Gör ditt budskap attraktivt för den som lyssnar genom att hitta skäl. Som förälder ska man ju få barnet att inse varför det är bra att göra på ett visst sätt, att hota med att dra in veckopeng eller lördagsgodis kan ju vara en enkel lösning, men det är fortfarande en härskarteknik. Att ge förklaringen

”för jag är din pappa” detsamma. Men att övertyga så att personen förstår och kanske till och med håller med, det är retorik.

Så hanterar du hierarkihärskaren

Eftersom härskaren använder sin position för att härska så är det viktigt att du drar fokus till det som det egentligen handlar om. Här är några exempel på hur du bryter ner det hierarkihärskaren sysslar med:

ÖVERLÄGET: ”Jag är fullt medveten om att du är chef, men tillbaka till det jag pratade om.”

UNDERLÄGET: ”Det här handlar inte om att du är kvinna, utan om att du saknar kompetensen vi söker.”

MELLANLÄGET: ”Jag tänker inte välja mellan att stå på din eller din mans sida, det här är ert krig och jag har varken tid eller anledning att delta.”

Märker du själv att du har en viss position på arbetsplatsen eller i familjen som du skulle vilja bryta ner så går det. Som retoriker tog jag stor plats, eftersom att tala är min passion. Men det kan också bli ett förtryck, om jag inte ger utrymme för andra att prata. Min kollega Carl är också relativt talför och delade med sig av vad han brukade göra för att få det mer jämställt på gruppmötena: ”Jag lutar mig tillbaka och är tyst trots att jag har något att säga. Oftast har någon annan exakt samma sak att säga, bara det att det tar lite längre tid innan det kommer. Att det tar tid beror helt enkelt på att alla är vana vid att jag ska säga något.”

Jag testade också att luta mig tillbaka just när jag hade, vad jag tyckte var, guldkorn på tungspetsen. Jag väntade. Väntade lite till. Och lite senare flög det diamanter ur någon annans mun och jag var glad för att jag höll tyst. Gruppdynamiken ändrades och jämställdheten återupprättades. En enkel metod är att de som är högt upp i hierarkin öppnar så att fler får utrymme och talan. På så sätt blir inte makten stel. Men är du en person som tvärtom brukar vara tyst, bryt den sociala rollen. Ta mer plats trots att det känns lite läskigt. Dina vänner eller kollegor kommer bli förvånade de första gångerna, men sedan har de vant sig vid den uppdaterade versionen av dig och det blir den nya ”normala du”. Ut och bryt lite hierarkier och sociala mönster, det går.

7

TIDSMETODEN

Har du tänkt på att i nästan varje artikel du läser nämns de omskrivnas ålder? Journalisterna som påverkar våra värderingar är de som matar oss med information dagligen. I tv, tidningar och radio får vi höra vad som händer och vad som "gäller". Det som gör att vi tror att just ålder spelar en avgörande roll i andra sammanhang än livserfarenhet är det jag kallar för *benämningsordningen*. Denna subtila kategorisering som ordningsföljden av benämningar innebär gör att vi lär oss vad som är viktigt. I media är könet den primära benämningen i nästan alla nyheter. Ålder kommer inte långt därefter. Där har du en del av förklaringen till behovet av att veta ålder och se saker genom ett genusfilter. Vi får veta att:

Kvinna, 30 år, dödad i Bangladesh

Är hon svensk är det något som är ännu viktigare än det faktum att hon är kvinna, då nämner media nationalitet före könet:

Svensk kvinna dödad i Bangladesh

På så sätt har vi svenskar något att tänka på när vi åker till Bangladesh. Fast det beror på vem som dödade henne. Är mördaren oidentifierad så finns det inget skäl att skapa fördomar, men misstankar. Står det däremot:

…då kan media skriva vidare om mansvåldet mot kvinnor i andra artiklar, be experter ge sina kommentarer till ”det ökande våldet mot kvinnor”. Är det däremot en bengal som mördat kvinnan kan media välja en annan vinkel och kritisera säkerheten, polisen i Bangladesh och därmed påverka fördomar mot i landet. Media har en enorm makt och påverkar oss dagligen. Media lär oss vad vi ska värdera och i vilken ordning vi ska göra det. Benämningarna och ordningsföljden påverkar våra värderingar av kön, ålder och nationaliteter. Men frågan är om inte det faktum att någon dödades är viktigare än att det var en kvinna? Om det skulle ha varit ett barn hade det ökat tragiken, men ”dödad” väger ändå tyngre. Varje gång du hör eller läser benämningar så observera ordningsföljden. Primär benämning: kön. Sekundär benämning: ålder.

Det är inte konstigt att vi är åldersfixerade i Sverige. Men hur mycket säger ålder egentligen? Många måste tycka att det säger en hel del, eftersom det är en av de första frågorna de ställer. När du är trettio ska du ha familj, Volvo och hund. Om inte det så ska du åtminstone vara på god väg. Inte undra på att folk får trettio-, fyrtio- och alla-andra-årskriser. Att förväntningar är fästade vid en ålder gör det ganska svårt att vara individualist, speciellt om reaktionen är grimaser när du gör något under eller över förväntan vid en viss ålder.

När jag skrev den här boken för första gången var jag 26 år. Det var spännande att se vilka tankar och fördomar som fanns om 26-åringar då. Dagens Industri publicerade en artikel om mitt nyblivna författarskap. Precis som alla andra tidningar så nämnde de min ålder. Helt okej tyckte jag, jag har varken ålderskomplex eller ångest över att bli äldre.

Men att reaktionerna på min ålder skulle bli så stora hade jag inte räknat med. Det var något som, enligt vissa av tidningsläsarna, tog udden av min kompetens och erfarenhet. Att vara 26 år, ha arbetslivserfarenhet och kontrakt med ett bokförlag var över förväntan och kunde därför inte vara sant eller åtminstone inget bra. Här får du se några av kommentarerna, som kläcktes kort efter att artikeln publicerats.

2007-06-13 09:39

En 26 åring

har säkert väldigt mycket erfarenhet att lära ut till personer som arbetat i 15-20 år. Vilket skämt. Började hon att jobba som 12 åring?

ZADIA JEHOVAS

2007-06-13 10:20

Slöseri

Varför lägger SVT:s nöjesredaktion pengar på att lära sig "kroppsspråk". Dessutom av en 26-årig tjej som inte är klar med sin utbildning? Jag är lite konservativ när det gäller pengar (är småföretagare) men bör inte SVT anställa folk som kan tala, uttrycka sig och underhålla redan från början?

TOMPA

2007-06-13 10:27

Erfarenhet

Hon måste ha infödda gener i härskarkunskap och teknik. Hon slutade förmodar jag studera när hon var ca 23-24 år och är nu 26 år. Hon har såvitt jag förstår inte arbetat som anställd utan som konsult och egen företagare. Hon är säkert duktig resultat- och målinriktad men vilka erfarenheter har hon av härskarteknik gentemot omgivning ? Gratis marknadföring för hennes bok?

BASON

2007-06-13 13:48

Vem känner hon på DI

Undrar också hur en 26-åring har lärt sig allt detta utan att ha någon längre livs eller arbetslivserfarenhet. Jag skulle inte anlita henne. Vilka positioner i näringslivet kan hon åberopa för att i grunden förstå människor, organisationer dess grunder, kulturer och syften samt tidsaxeln i dessa. Snälla DI, ta fram lite mer rejäla konsulter, dom finns!

Intressanta kommentarer. Det som var mest förvånande var att folk tyckte sig veta en hel del om mig. Deras grund till argumenten och kunskapen om mig var endast en: min ålder. Så kanske är ålder mer än en siffra? I alla fall om man ska tro åldershärskarna. När det gäller dem som åberopar ålder för att tysta ner föreslår jag att du lyssnar på vad de säger. Här ovan har vi en beskrivning av 26-åringar, så du som är 26 – läs noga, kanske får du lära dig något nytt om dig själv. 26-åring, sådan är du:

1. Du har ingen arbetslivserfarenhet.
2. Har du någon erfarenhet så började du jobba som tolvåring.
3. Publiceras det en artikel om dig i Dagens Industri så känner du förmodligen någon där.
4. Ska du undervisa i härskarteknik så är det ett skämt.

5. Blir du anställd som konsult så är det slöseri med pengar.
6. Du kanske är en konsult men inte en ”rejäl” konsult.
7. Du har inga erfarenheter av härskartekniker gentemot din omgivning.
8. Har du inte avslutat din magisterexamen är du inte kompetent nog.

Jag kan bara dra slutsatsen att det är rätt så tufft att vara 26 år. Då tänkte jag att det blir säkert bättre när jag närmar mig 30, kommentarerna har nog förändrats då. Nu har jag facit i hand och det får ni snart.

Hur hanterar man härskare som tillämpar ålder för att tysta ner? Lyssna på vad de säger, be dem motivera sina påståenden. Nu gav DI:s läsare kommentarer som jag inte hade möjlighet att bemöta. Men hade jag träffat dem (det borde vi göra: träffas), så skulle det kunna låta ungefär så här:

”Du har ingen arbetslivserfarenhet.” Svar: ”Hur vet du det?”

”Har du någon erfarenhet så började du jobba som tolvåring.” Svar: ”Varför tror du det?”

”Publiceras det en artikel om dig i Dagens Industri så känner du förmodligen någon där.” Svar: ”Varför tror du att jag skulle känna någon där? Menar du att Dagens Industri inte skriver om sådana som jag?”

”Undervisar du i härskarteknik så är det ett skämt.” Svar: Här vill jag säga ”vad roligt, kan inte du dra det skämtet för mig?”

men med risk för att låta ironisk och hamna i oönskad konflikt säger jag istället: ”Hur menar du då?”

”Blir du anställd som konsult så är det slöseri med pengar.” Svar: ”Varför tycker du det?”

”Du kanske är en konsult men inte en ’rejäl’ konsult.” Svar: Min reptilhjärna vill säga: ”Åh, en rejäl konsult skulle jag vilja träffa! Kan du berätta vad det är? Är han eller hon också retorikkonsult?” Men det bästa är att fråga: ”Hur definierar du rejäl konsult?”

”Du har inga erfarenheter av härskartekniker gentemot din omgivning.” Svar: ”Det visste jag inte. Berätta lite mer om *mina* erfarenheter, jag är intresserad.”

”Har du inte avslutat din magisterexamen är du inte kompetent nog.” Svar: ”Du menar att en fil.kand. inte är nog? Bill Gates måste i så fall inte heller ha varit kompetent förrän nyligen, 2007, när han ’till sin fars lycka’ äntligen tog sin examen.” (Källa: TT Spektra.)

Jag tänkte, som sagt, att saker kan förändras på några år. När jag nu närmar mig 30 så kanske åldersrasismen i Sverige har minskat. Kanske kan man vara ung och kompetent? Men när jag hade kommenterat Juholts och Reinfeldts retorik för DN:s räkning så var det bara att konstatera att inte mycket har ändrats sedan 2007.

En 29-åring kan inte vara retorikexpert. Och är det inte heller.

EVA,15:26, 15 juni 2011

En barnrumpa ska låtsas bedöma vem som vann Retorikkonsult. d.v.s hon kan lika gärna vara konsult för moderaterna. Kort sagt det den där ungsnärtan säger är för mig inte värt ett ruttet öre, en som glider fram i livet med att kalla sig expert på nåt som i yrke ej borde finnas retorikexpert, vad har det med politiker framför som budskap. Trams är vad det är lejda av högermaffian. Man blir så förbenad på dessa lobbyvarianter som rikt högerfolk betalar för att de ska säga rätt sak.

BERT, 14:37, 15 juni 2011

Sorry Elaine, du är för oerfaren för att bedöma det här.

NILS, 14:55 15, juni 2011

Elaine, lilla flicka VÄX UPP!

-p, 12:36, 15 juni 2011

Samma år som dessa kommentarer skrevs så klev Gustav Fridolin, också född 1981, upp som Miljöpartiets språkrör. Hans ålder har det inte varit snack om ännu, men det kanske kommer.

Det är fantastiskt roande att läsa alla föraktfulla kommentarer om att Elaine är för ung och oerfaren för att tas på allvar. Då utgår jag ifrån att dessa personer även har principer och ryggrad nog att vägra rösta på ett politiskt block där Gustav Fridolin är partiledare. =) Han är hur gammal? =)

JK, 15:11, 15 juni 2011

Jag får väl ta "barnrumpeattackerna" som en komplimang, jag ser tydligen fortfarande ung ut.

Tänk att man ska kunna säga precis allt om en person utifrån hur gammal personen är. Är boxen för åldrar och vad man ska kunna då så självklar?

En fundamental kulturell skillnad jag har sett mellan USA och Sverige är just vikten på ålder. När jag jobbar där är det ingen som frågar hur gammal jag är, eller vad jag har gjort, de är mer intresserade av vad jag *kan göra* för dem. Barack Obamas talskrivare John Fauvreau var i mångt och mycket ett av de stora skälen till Obamas framgångar. Han var Obamas talskrivare. När är han född? År 1981, men det är inte intressant. Det intressanta för Obama var att Fauvreau kunde skriva tal.

Men det är inte bara unga som drabbas av tidsmetoden i Sverige utan det är även äldre. Det tycks finnas ett "bäst-före-datum" på vissa arbetsplatser. I Sverige är det fullt lagligt att definiera hur gammal man vill att arbetssökande ska vara, i Norge däremot är det klassat som diskriminering. Kanske kan det vara värt att tänka på för Sveriges framtid. En sak som de dock inte har genomskådat ännu i Norge är den subtila åldersdiskrimineringen. De säger inte att du ska vara i en viss ålder, istället säger de: "Vi ser gärna att du har 3–5 års arbetslivserfarenhet." Då är det alltså varken mer eller mindre. Vilken 30–65-åring passar in där?

Enligt normen ska man vara medelålders. Frågan är exakt vad det är. Var är det för fel med att vara överålders? Det borde stå på cv:t som en merit, du har ju något många saknar. Jag blir mörkrädd när jag ser åldersfördomarna mot äldre och pensionärer. En kollega till mig som är en mycket kompetent copywriter miste ett uppdrag just för att arbetsgivaren, en ganska hipp typ, behövde något "nytt, fräscht, och det som är inne". Arbetsgivaren hade inte ens tittat på min kollegas arbete utan tittade istället på honom, uppskattade hans ålder (han är 56) och tackade nej med formuleringen du nyss läste. Hur kan man tacka nej till äldre personers långa arbetslivserfarenhet, insyn på tidigare marknader och framför allt kompetens? För att de inte längre är "inne", eller i tiden. Hur är man *i tiden* och när blev det inne? Äldre hade betydligt högre status om man blickar tillbaka. Då var det inne att ha varit inne i det som nu är historia.

Innan skriftspråket uppfanns hade "de äldste" allas uppmärksamhet. Öronen var stora när de talade och man satt och lyssnade på dem som hade sett, hört och upplevt det som fanns innan man själv föddes. Respekten var oerhört stor eftersom de hade något som de yngre saknade och endast tiden kunde ge – livserfarenhet. Men så kom "svart på vitt" och vi behövde inte längre lyssna på någon som hade varit där, utan kunde gå till bokhyllan och läsa om det istället. Det möjliggjorde den samling av historia vi numera har, men det fråntog ett visst värde från "de äldste". I modern tid är deras värde nästan borta. För många år på nacken kan till och med ges som skäl att inte ge någon jobb, precis som om livserfarenhet skulle kunna ta bort kompetens. Pensionärer sätts på hem istället för bredvid oss som inte har levt lika länge. Vi sitter framför tv:n och datorn och läser om historien istället för att lyssna på det som finns bakom de gamlas ögon.

Åldersdiskriminering sker inte bara på arbetsmarknaden utan också när personer träffat kärleken.

"Vad ska du med en 38-åring till? Hon är säkert desperat."

Jag började dejta en äldre kvinna. Jag visste inte hur gammal hon var men anade att det var några år äldre än jag, kanske ett helt decennium. Eftersom jag själv hade åldersfördomar valde jag att inte fråga om hennes ålder. Men efter tre veckor kände jag att det inte spelade så stor roll, jag var helt nere vid det laget. Så jag frågade, men fick inget svar. Två veckor senare, när vi lärt känna varandra ytterligare, berättade hon. Det visade sig att hon var tolv år äldre än jag. Hon var lite nervös över min reaktion, men jag var lugn. "Jag är 38", berättade hon, och det ändrade inte mina känslor för henne. Däremot ändrade det mina vänners inställning till henne. De hade aldrig träffat henne men sa ändå: "Men Kalle, vad ska du med en 38-åring till? Har hon barn? Är hon frånskild?" Frågorna haglade men aldrig frågan om jag var kär.

KALLE

När man är 26 och blir kär i någon som är 38 ska det tydligen vara en katastrof. Jag vet inte när "frånskild", "ensamstående" och "mamma" präglade en person så pass mycket att det direkt blir dåligt för en 26-åring? En 26-åring kanske bara ska vara tillsammans med någon som är "bäst-före-30", eller "bäst-före-barn-och-skilsmässa". Det är många fack och etiketter att hålla reda på. Jag tror att många dejtingsajter skulle tvingas lägga ner utan våra åldersfördomar. Att en singelkvinna skulle bli desperat efter en viss ålder är bisarrt. Men eftersom så många säger att ångesten kommer vid 30 eller 40 blir det inte sällan en självuppfyllande profetia.

TIPS TILL KALLE Fråga dina vänner vad som är så hemskt med att din tjej är 38. Svarar de att hon har barn och är frånskild så fråga vad som är hemskt med det. Statistiskt så skiljer sig väldigt många, innebär det att majoriteten blir hemska efter skilsmässor? Sedan är det som det alltid är med tidsmetoden, relevansen är obefintlig så fokusera på det som är relevant: du har träffat en person du älskar. Vissa lever ett helt liv utan att göra det.

TIPS TILL "ÄR HON 38 ÅR OCH SINGEL SÅ ÄR HON DESPERAT" Om 12 år är du 38. En mycket attraktiv 26-årig kvinna blir kär i dig och du i henne. Problemet är att du är frånskild och har barn. Råder du henne att hitta någon bättre än dig? Inte? Kanske gör hennes tjejkompisar det? Tror du på karma? Det gör jag.

"Du har inte varit här så länge"

Jag var ganska ny på företaget och försökte göra mitt allra bästa. På upprepade personalmöten hade jag ställt upp och köpt kaffebröd för egna pengar. Med min lilla lön och det stora antalet möten vi hade blev det till slut en betydlig slant för mig. Jag kanske var dum som utgick från att min chef skulle förstå det. Jag lindade inte in det utan berättade bara hur det låg till. "Jag har gjort en hel del utlägg som jag skulle behöva få tillbaka", sa jag, men chefen var inte alls förtjust i min förfrågan. "Carl, du har inte varit på företaget så länge eller hur?" "Näe…", blev mitt givna svar. "Det är många som lägger ut och att du kräver dina pengar före alla andra som har varit här bra mycket längre än du, det är ganska krävande av dig."

CARL

Har du tillbringat längre tid på en plats så ska du enligt tidshärskarna ha fler rättigheter och mer att säga till om än andra. Det kan vara på en arbetsplats, organisation eller till och med i vänthallen på Arlanda. Jag var där en tidig morgon när jag väntade på mitt flyg till New York. Alla sittplatser var upptagna. Folk sov, småpratade eller suckade högt för att de var irriterade på det försenade planet. Jag tyckte gott det kunde dröja ett bra tag eftersom jag är flygrädd. Men just då var jag framför allt trött. Så såg jag en ledig plats nära en av butikerna. Mina sömniga zombieögon blev stora. Jag sträckte ut mina långa armar och stapplade fram till platsen. Precis när jag skulle värma platsen med min trötta rumpa kom en man springande och fyllde det tomma sätet med sin beniga bakdel. ”Jag satt här först, jag skulle bara snabbkolla om butiken hade frimärken.” En mening som fastnade var just: ”Jag satt här först.”

Vi gör anspråk på alla former av platser. Arbetsplatser, strandplatser, sittplatser, och ju längre tid du varit där, desto mer är platsen din. Men rättigheter ska man väl ändå ha oavsett tid?

Blir du svensk medborgare får du exakt samma rättigheter och skyldigheter som alla andra, det spelar ingen roll hur lång tid du har vistats i landet. Carl, däremot, blev kallad för krävande när han påpekade något som var hans rättighet – att få tillbaka pengar han hade lagt ut för sitt arbete. Skälet som angavs för att tysta ner honom var den lilla tid han tillbringat på arbetsplatsen i förhållande till alla andra. Chefen sa indirekt att Carl var egoistisk som ville ha tillbaka sina pengar före de andra. Där har vi också fällan, just i prepositionen *före*. Carl sa aldrig att han ville ha pengarna före någon annan, han sa att han ville ha sina pengar, punkt slut. Men chefen försökte ge Carl dåligt samvete genom att ange den korta tiden på arbetsplatsen som skäl att vara tyst, och dessutom lura Carl att tro att om han ber om pengarna efter så kort tid är det detsamma som att be om pengar före sina kollegor.

Det finns ingen given ordningsföljd för rättigheter. När du kommer in på en arbetsplats har du samma rättigheter som alla andra. Om du är provanställd är din plats självfallet inte lika säker som andras. Men det är inte skäl för din chef att trycka ner dig, inte heller skäl för dig att lägga undan dina rättigheter tillfälligt. Men visst, du kanske inte vill munhuggas med din chef den första tiden, om alls. Så hur ska Carl hantera situationen?

CHEFEN: ”Det är många som lägger ut och du kräver dina pengar före alla andra som har varit här bra mycket längre än du, det är ganska krävande av dig.”

CARL: ”Jag vill inte ha pengar före någon annan. Jag utgår från att vi får tillbaka utläggen allesammans. Jag visste inte om att någon annan hade frågat så jag gick direkt till dig. Ser du det som kravfullt av mig att fråga för att jag har varit här en kort tid?”

CHEFEN: ”Ja.”

CARL: ”Jag har aldrig bett att få något före någon annan här. Det här är ju ett möte mellan dig och mig och de pengar jag har lagt ut. Jag har aldrig nämnt de andra.”

CHEFEN: ”Precis, och det är det som är problemet. Du tänker inte på de andra.”

CARL: ”Det utgår jag från att du som chef gör. Jag måste få fråga om mina angelägenheter utan att det ska betraktas som ett personligt påhopp eller underskattande av mina kollegor. Jag har stor respekt för er. Jag ställde dig en fråga som jag hoppas du har svar på.”

TIPS TILL CARL Din chef drog irrelevanta slutsatser för att du skulle lämna det som för chefen var en obekväm diskussion. Chefen gjorde istället dig obekväm av menlösa skäl. Låt det aldrig stanna där utan ifrågasätt slutsatserna och förklara hur du menar. Tiden du har varit på en plats är inte relevant, det är det däremot att du får tillbaka dina pengar.

TIPS TILL "AKTA RUMPAN ANNARS FÅR DU SPARKEN" Det finns ingen ordningsföljd för rättigheter. Svara på Carls fråga istället för att ge honom dåligt samvete.

"Du, det där har vi försökt förut. Det funkar inte här."

På mitt jobb så är de som jobbat längst fullkomligt livrädda för förändring. Det viktigaste är att bevara istället för att försöka vara i tiden, nej, de låter hellre konkurrenterna springa ikapp. De dödar alla idéer med exakt samma mening: "Du, det där har vi försökt förut." Försöker någon mot förmodan att envisas med förslaget så vrider de om kniven genom att se skeptiska ut och säga: "Du har inte varit här så länge ..." Då har jag bra lust att säga: "Nej, men du har varit här alldeles för länge." Men jag tycker inte riktigt att det är värt det, jag ska söka mig därifrån istället. Det är svårt att gasa med bromsklossar.

JONNA

Att ta tidsargument som skäl till att personer inte ska dra fram förslag är bara billigt. De jobbar trots allt inte på arbetsplatsen för att de har jobbat där länge, utan för att de har den kompetens som arbetsplatsen kräver. Problemet med personer som ser förändring som ett hot är att de tror att det som varit försvinner helt och hållet. Jag vet arbetsplatser där det finns medarbetare som är benhårda med sina kaffepauser men så finns det de som struntar helt i kafferaster. Det finns inte en regel för alla i den frågan, det viktigaste är att jobbet blir gjort. Det finns arbetsplatser där de bevarar det gamla och samtidigt inför nytt. Det ena utesluter inte det andra. Självklart ska man ha respekt för att det finns de som har nostalgiska band till vissa rutiner. Men det kanske går att göra en kompromiss? Går det för långt så får bromsklossarna eller sprinterpersonerna antingen sakta ner eller öka tempot. Hur som helst så finns det tillfällen då man får lägga undan det personliga och börja agera professionellt för arbetsplatsens bästa.

Vad skulle Jonna ha gjort istället?

Peka på fenomenet på en gång utan några krusiduller, säg så här: ”Jag har märkt att varje gång någon tar upp ett nytt förslag så blir alltid någon fientlig. Det är inte så att vi vill städa bort det som har varit, utan snarare lägga till fler saker. Vi har ju i alla fall en sak gemensamt och det är att det ska gå bra för det här företaget. Jag är beredd att släppa förslag, och även på nostalgi till det som vi har bevarat. För det viktiga är väl ändå inte att förnya eller att bevara. Det viktigaste är att det blir bra.”

Vad skulle bromsklossarna ha gjort?

Det kanske är så att ni har försökt testa förslagen förut och det har gått åt pipan. Men det finns sätt att säga det utan att använda tidsmetoden eller få förnyaren att känna sig som ett hot. Säg aldrig: ”Du, det har vi försökt förut. Det funkar inte.” Säger du det så sänker du din kollega och får henne att känna sig dum och utanför. Det är väl bra att hon tänker i banor som ni har tänkt förut? Ni är inte så olika trots allt, inte för att olikhet ska ses som ett problem. Men det är bra att hon får känna sig inkluderad så säg istället: "Det är ett jättebra förslag, vi har också tänkt i de banorna och testade det för några år sedan. Men tyvärr fungerade inte det." På så sätt sänker du förslaget, *men* du sänker inte din kollega. Det är en trevlig och viktig skillnad.

"Älskade pensionär, sitt inte på hem, sitt här"

Han satt framför mig med en gammal sjömanshatt, förmodligen bar han samma hatt 1942, nu var gubben 82.

Vad trötta hans ögon är, så mycket de har sett, jag hoppas han fått berätta, för livshistorier ger en en massa vett.

Han åker fram och tillbaka på tunnelbanan, ser sig nyfiket omkring, ingen stannar för att se honom det är bara en massa spring. Framför honom sitter en ung tjej, han tittar på henne men blir avsnäst, hon håller på med sin iPhone-grej.

Vilken sorg den dag då sjömanshatten inte längre har sin plats, kommer den sakna sin kapten?

Älskade pensionär, vad jag håller dig kär, sitt inte på ett ålderdomshem, sitt här. Varför är det så, att istället för att se de äldre som nu är så få, så väljer vi Facebook och internet ändå, trots att vi alla på åldersstigen en dag ska gå.

TUNNELBANEPOETEN

Jag brukar se mig omkring på tunnelbanan och undra var alla pensionärer är. Är de hemma och matas av hemtjänsten? Eller kommer släktingarna och hälsar på dem? Jag hoppas verkligen på det sistnämnda för ingen verkar ta med dem ut. Min farfar och jag brukar gräla varje allhelgonaafton då vi besöker farmors grav. Standardrepliken är: ”Ja, och här kommer jag att ligga sedan.” Efter det är det tyst en stund, men till slut ilsknar jag till och blir tio år igen: ”Du ska inte dö fattar du väl!” Farfar skrattar och säger att så måste det bli. Jag börjar gråta och säger att det i alla fall inte ska bli på något ålderdomshem utan hemma hos mig. Här kommer kulturkrocken mellan oss: ”Nej, är du inte klok. Det blir besvärligt. Jag vet redan vilket hem jag ska bo på”, säger han men jag envisas. Envisa är vi båda två. För mig är det självklart att de som hjälpte mig att komma till världen, bytte blöjor, matade mig och gjorde allt som hörde till, dem ska jag hjälpa på samma sätt när de är på väg att lämna världen.

”Om de gamla kunde och de unga visste.” Du kanske har hört det bittra uttrycket? Jag tycker det är dags att vi skapar en bro till, eller kanske marknad för, äldre och pensionärer som vill umgås och prata med oss som inte vet. Jag brukar ju ständigt berätta att jag inte är livserfarenhetskonsult. Men jag skulle gärna anlita en om jag inte hade min älskade farfar. En som fanns här redan innan jag kom till världen. En som kan förebygga kraschade förhållanden med sina tips och sin långa erfarenhet av relationer. Jag vill inte lyssna på någon teoretisk ”relationsexpert” utan en riktig expert som har 45 kärleksaffärer bakom sig. En gammal Casanova kanske? Kanske kunde han eller hon ha några goda råd till Kalle och hans nya kärlek.

”Du är 50-plus men inte chef. Vad är det för fel på dig?”

Jag har jobbat i samma bransch och företag i över trettio år. Min ambition har aldrig varit att klättra i någon hierarkisk stege. Mitt mål har istället varit att må bra, vilket jag gör med exakt det jag gör. Inget mer, inget mindre. Det som däremot har sårat mig är omgivningens reaktioner på att vara

50-plus men inte ha en chefsposition. Det är som om det skulle vara något fel på mig som inte har kostym och säger åt andra vad de ska göra. Jag har inga problem med yngre som "bossar" men yngre har problem med att jag inte är boss.

ÅKE

Nu kommer vi tillbaka till problematiken med att inte kunna leva upp till normen om du *är* den. Är du vit, heterosexuell, medelålders man så ska du ha en viss position. Problemet är att det inte finns så många höga positioner att de räcker till världens alla vita män. De är ganska många. Trots sin ålder så jobbar de ibland under yngre personer. Varför har ålder sådan stor betydelse?

När lämnar vi åldersfördomarna och löser upp knuten som binder ålder till kompetens? Åke har inte ambitionen att bli chef och ifrågasätts på grund av sin ålder. Hans välmående i förhållande till hans chefs ålder likaså. Den primära och sekundära benämningen, man och ålder, var tillräckligt för omgivningen för att ifrågasätta hur Åke hade det. Kunde han verkligen känna sig bekväm under en yngre chef? Även det omvända är ett vanligt fenomen, att den yngre chefen ska känna sig obekväm med att "bossa" över äldre. Resultatet är inte sällan att chefen blir en sämre chef just på grund av komplexet över sin egen låga ålder. Åldern definierar inte en chefs förmåga. Det finns chefer som har jobbat i trettio år och fortfarande är usla, sedan finns det självklart de som är bra. Vissa lär sig, andra inte – vissa snabbt, andra långsamt.

TIPS TILL ÅKE OCH ALLA ANDRA "DÅLIGA ÅLDRAR" Bli inte upprörd det första du blir. Säg inte "du har fördomar" för det kommer härskaren att avslöja själv när han svarar på dina frågor. Visa dig intresserad av hur han egentligen tänker när han kan ställa en fråga som: "Du är 56 år gammal och jobbar under en 28-åring. Hur känns det?" Försök att svara vad som är relevant för dig: "Det känns bra att jobba med det jag gör. För mig är det varken relevant hur gammal min chef är eller hur gammal jag är."

TIPS TILL HÄRSKARE Det kommer att ta alldeles för lång tid att grunda dina åldersargument. Släpp siffran och ta en titt på individerna. Ålder är inte en egenskap. Det är ett ofrivilligt resultat av när du föddes.

KÄNNETECKEN FÖR TIDSMETODEN

Det är när härskaren använder tid för att tysta dig. Det markanta är att tid egentligen inte har någon relevans för det ni pratar om. Du faller ändå i tystnad eftersom det finns ett kulturellt samförstånd över att kompetens är bäst-före eller bäst-efter vissa åldrar. Vilka åldrar det gäller är inte allmänt känt, det beror på arbetskulturen. Man säger ofta "du är ovanligt begåvad för din ålder" när man riktar sig till yngre. Men vi hör aldrig det motsatta om äldre: "Du är ovanligt korkad för din ålder, du är sextio år nu och borde vara hur smart som helst."

Därför förlorar du på att utöva tidsmetoden

Att förenkla personer efter deras ålder gör att du missar enormt mycket. Du kan missa den stora kärleken, den bästa vännen eller en kompetent kollega. Våga vidga vyerna och släpp tidsaspekten! Du vet aldrig vad du kan lära dig eller i värsta fall missa. Kompetens kommer i olika tider och former. Vi skulle utvecklas enormt mycket som land om vi slipade bort den tidsfixerade kulturen. Kanske skulle journalister sluta nämna ålder i artiklar när det ändå inte är relevant, det kunde hjälpa oss andra.

Försök att träda över tidsgränserna och även generationsklyftorna. Du kanske tänker att du inte har något gemensamt med dina mor- eller farföräldrar. Det må vara hänt, men gör det något? Om vi bara skulle lära oss av dem som är exakt som vi själva så skulle vi inte lära oss mycket. Anledningen till att jag umgås med min farfar, utöver att jag älskar honom, är för att han var där innan jag kom till världen. Och jag kommer vara kvar när han har lämnat den. Så han är länken till det som var och jag till det som ska bli, borde det inte vara självklart att vi umgås? Visst krockar vi ibland, men ett samförstånd och förståelse för att vi är olika gör att det fungerar ändå. Han förstår inte att jag håller på att blogga (ändå läser han dagligen det jag skriver) och jag förstår inte det här med fjädrar i hattar – men vi har glädje av varandra ändå.

Man kan inte undgå att prata generationskultur när man pratar tidsmetoden. Det är så tajt förknippat med ålder. Men en sak som kan lösa generationsklyftorna är att man istället för att förakta generationsskillnaderna bejakar dem. Se olikheterna som en kompetens och ett kulturarv.

Så hanterar du tidsmetoden

Bestäm dig för att tid saknar relevans såvida vi inte snackar livserfarenhet. Då kan det möjligen ha relevans. Men annars kan du konstatera att vad tiden innebär beror helt på vad individen gör med den. Och det vi gör är olika. Somliga av oss har haft gymkort i sex år men saknar fortfarande ett sexpack, andra har haft det i sex månader och är hur vältränade som helst. Beror det på tiden? Nej, utan hur personer utnyttjar tiden. Har du blivit övertygad om det så kommer det vara lättare för dig att hantera tidshärskaren. Du ska helt enkelt svara på följande sätt:

> ”Jag är fullt medvetet om att du är äldre/yngre än jag, men vad har det att göra med det vi pratar om nu?”
> ”Jag är fullt medveten om att du har varit här längre/mindre tid än jag, men vad har det att göra med det vi pratar om nu?”

Säger du så tappar tiden den tyngd som tidshärskaren ville att det skulle ha. Ett–noll till dig. Nu kan du lägga tid på annat.

8

SJÄLVFÖRVÅLLAD HÄRSKARTEKNIK

"Jag har något litet att säga"

Jag måste dessvärre medge att jag är en medveten härskare. Jag irriterar mig något så förbannat på en kollega. Det är inte det hon säger, utan hur hon säger det. För det första avslutar hon varje mening med nervösa skratt, vilket tar udden av varje påstående hon kommer med. Sedan ursäktar hon sig hela tiden: "Jag har något litet att säga, det tar bara en stund." "Inte ska jag." "Äsch." Personligen orkar jag inte ge uppmärksamhet till någon som själv inte tycker att hon är värd den. När hon säger "inte ska jag" har jag lust att säga "nej, det ska du inte. Ta en omgång terapi och återkom."

MERYEM

När jag nämner den här härskartekniken så brukar folk bli lite konfunderade. "Elaine, menar du att man får andra att förtrycka en?" brukar de fråga, och visst kan det vara så. Men självförvållad härskarteknik är något annat. Det är när du gör dig själv mindre än vad du är. Du kanske gör det genom en ursäktande retorik när du pratar eller helt enkelt spelar dummare än du är för att folk runt omkring dig inte ska känna sig hotade. Låter det otänkbart? Det är många som gör det och det kostar dem inte bara anseende utan också i värsta fall en framtid. It takes one to know one. Japp, jag var den tjejen när jag var yngre. Jag hade stora planer och mål, men jag behöll dem för mig själv. Att jag gjorde det berodde på att jag var fast i en social roll, jag var lustigkurren och "tokfian". Det var lättare att bekräfta den rollen istället för att snacka om mina framtidsplaner. Nu på senare tid är det många gamla vänner som säger: "Jag trodde aldrig att du skulle gå så långt." Och det är inte konstigt, jag gav aldrig sken av att vara någon som skulle gå långt.

Isabella Löwengrip var en person som allmänheten underskattade intellektuellt, trots att hon numera har en av Sveriges största bloggar, driver en tidning och flera framgångsrika bolag. Jag frågade henne hur hon bemötte folk som klappade henne på huvudet verbalt. "Jag känner inte att jag har något att bevisa för dem. Jag kan till och med spela blåst för att skapa distans till sådana personer. De kan klappa mig på huvudet så mycket de vill så klappar jag på mina pengar på banken, som jag får genom hårt jobb – inte genom att spela blåst, som de verkar tro."

Hittills har vi tittat på hur man gör när andra härskar över en. Att hantera sig själv är nog svårast av allt – att bryta ett långt mönster av självförvållad härskarteknik. Ofta ett omedvetet mönster. Skälet till att man utsätter sig för självförvållad härskarteknik kan vara dålig självkänsla, men också bara gammal vana.

Här kommer det inte att handla om hur man får bättre självkänsla – vi ska istället hitta mönster i kommunikationen som orsakar självförvållad härskarteknik. Det blir exempel på när människor gör sig själva mindre än de är och i vilka situationer det kan hända. Man ska självklart aldrig trycka ner någon som redan omedvetet trycker ner sig själv, men det finns de som tar tillfället i akt. Resultatet blir att du förtrycker dig själv och indirekt säger att det är okej att göra det. Därför kommer någon och instämmer.

Kroppsspråket

Det finns många tillfällen då kvinnor gör sig själva mindre än män, speciellt om männen är längre och står bredvid. Det är en självförvållad härskarteknik. Varför göra sig kortare än man är? Folk som tror på ”kvinnligt” och ”manligt” säger att vi kvinnor av naturen inte vill verka utgöra ett hot, utan vill vara ”moderliga”. Min mamma är huvudet kortare än jag, en väldigt moderlig person, men har alltid stått rak i ryggen och lärt mig att göra samma sak oavsett någons längd, man eller kvinna. Någon som har huvudet på sned kanske ser moderlig ut, men en som står rak utgör knappast ett hot mer än möjligen mot patriarkatet. Vill du verka övertygande ska du inte ha huvudet på sned. Det ger ett tveksamt intryck, som om du inte är säker på vad du pratar om. Låt inte ditt kroppsspråk svika dig, det finns tid för att vara ”moderlig” eller ”faderlig” och hur du ser ut då är upp till dig. Men när det är dags att vara övertygande så var det med rak rygg.

Samma vecka som jag skrev kapitlet om självförvållad härskarteknik i kroppsspråket så skrevs det en massa i tidningarna om mitt arbete med politikers hantering av Sverigedemokraternas retorik. Dagens Nyheter intervjuade mig och Miljöpartiet (som beställt kursen ”Våga ta matchen”) angående arbetet. Intervjuaren var ganska lam, jag märkte att hon inte lyssnade på något som jag sa. Så när artikeln publicerades var jag inte förvånad över att hon kallade Snacka Snyggt för en tidning istället för en retorikbyrå, som det egentligen är, och mig för konsult istället för vd, som jag är. Men värre blev det när tidningen skickade sin fotograf att ta kort på min kollega Carl Sahlin, Mats Pertoft (kunden från Miljöpartiet) och mig. Vi satt framför Karl XII:s staty i Kungsträdgården där fotografen strategiskt hade placerat oss för att krydda artikeln. Jag satt längst till vänster med Carl i mitten och Mats till höger. Fotografen pratade med oss för att få bilderna att se naturliga ut. ”Så Elaine, vad gör du annars när du inte utbildar politiker?” frågade fotografen och klättrade upp på en stol för att få en bra vinkel på fotona. ”Jag skriver en bok om härskartekniker”, svarade jag. ”Intressant”, sa fotografen kort och ganska ointresserat. ”Kan du ha huvudet lite på sned?” bad han mig. Jag tittade på Carl och Mats. Ingen av dem hade huvudet på sned. ”Du, jag tycker det är intressant att du vill att jag ska ha huvudet på sned. Skulle det vara självvalt hade det varit självförvållad härskarteknik. Då är min fråga: Vad blir det om du ber mig att ha huvudet på sned?” ”Äsch, är du inte lite yrkesskadad?” undrade fotografen och skrattade nervöst. ”Jag vill bara att du ska komma med på bilden, du gör inte det nu”, förklarade han. ”Jaha, jag förstår. Hur skulle det vara om du flyttade kameran så att jag kommer med på bilden. Är det ett alternativ tror du?!”

Jag ställde honom visserligen en fråga när han utövade en omedveten härskarteknik, men den var ganska syrligt ställd. Fotografen vände tvärt och sa: ”Elaine, vet du vad. Eftersom det är två män och en kvinna så får du stå framför männen.” Det tyckte jag lät som en bra idé, så jag ställde mig framför männen. ”Så ja, håll huvudet högt. Se allvarlig ut. Där! Perfekt! Där har vi bilden.”

Vi skiljdes nöjda och belåtna. Jag trodde att jag hade lärt

fotografen något om härskartekniker, men istället var det jag som fick lära mig mer om medial härskarteknik.

Publicerad i DN 2007-05-13. Foto: Åke Ericson.

Han, som jag trodde hade blivit ”den frälste fotografen”, tog bort skärpan på kvinnan som vägrade att lägga huvudet på sned och fokuserade på männen som stod bakom henne.

Konsekvensen av att inte göra det som förväntas av en, som för kvinnor många gånger är en självförvållad härskarteknik, kan ofta leda till att man drabbas av exakt det, fast av andra. Men det är värre om du själv är orsak till ditt eget förtryck. Gör någon annan det har du i alla fall metoder för att sätta fingret på härskaren.

TIPS TILL "SJÄLVFÖRVÅLLAD HÄRSKARE" Var så lång som du är, varken mer eller mindre. Du är den du är och det räcker bra. För andra kan det vara för mycket, men det är inte ditt problem. Blir de ett problem så vet du hur du ska hantera dem.

Påbörja meningar rätt

> ”Jag tänkte berätta om vad jag tycker vi ska göra i den här frågan. Vi kanske ska tänka på att göra något annorlunda. Eller jag vet inte. Men det är i alla fall ett litet förslag jag har som är ganska så bra. Det tar inte så lång tid att berätta, men i alla fall så handlar det om …”

För att undvika självförvållad härskarteknik så undvik att börja meningar med: ”jag ska bara”, ”jag har något litet”, ”det tar bara en stund”, ”det är inte så viktigt men …”. Vill du berätta något eller komma med ett förslag så är varken ”bara”, ”litet” eller ursäktande av tiden du kommer att ta upp särskilt övertygande. Tvärtom så är det utmärkta argument för att inte alls vilja lyssna på dig. Du säger indirekt att du inte är värd att prata med eller lyssna på. För att fånga dig själv när du använder självförvållad härskarteknik, ta en titt på alla värderande ord i ditt tal. Är det många förringande ord som till exempel ”litet” så avlägsna dem.

En ganska neutral version av självförvållad härskarteknik är att börja meningar med ”jag tänkte berätta”: ”Hej, jag heter X och jag tänkte berätta lite om min tid i Spanien. Det var faktiskt ganska roligt.”

Varför tänkte du berätta? Berätta istället. Annars kan en meningsföljd som denna kännas helt naturlig: ”Hej, jag heter X och jag tänkte berätta lite om min tid i Spanien. Men sedan ångrade jag mig så nu tänker jag vara tyst. Hej då."

Ta bort all överflödig information och sätt bara igång och berätta, för det är ju det som du ska göra. "Hej, jag heter X och jag ska berätta om min tid i Spanien."

Ta bort alla värderingar och låt istället publiken värdera åt dig. Det är ungefär som när någon ska dra ett skämt och börjar med att säga: "Det här är skitroligt. Du kommer att garva ihjäl dig." Det blir aldrig lika roligt om du berättar att det är roligt. Pressen att skratta efter att du har värderat det du ska säga blir mycket större än om du låter bli. Det är samma sak med romaner, de är som bäst när jag inte vet så mycket om dem innan jag börjar läsa och inte har översköljts av recensioner och artiklar. Låt samma sak vara en regel för din kommunikation. Säg inte "det här kommer att vara jätteintressant, tråkigt, litet, roligt". Säg det du ska säga och låt publiken avgöra värdet.

Avsluta meningar rätt

Att avsluta meningar, i synnerhet påståenden, med nervösa skratt tar också udden av det du säger. Nervositet är inget konstigt eller ovanligt. Men oavsett hur kompetent du är på ditt område, oavsett hur säker du är på det du säger, så gör nervositeten många gånger att de som lyssnar har svårt att tro dig. Såvida du inte berättar att du är nervös. Det lättar upp stämningen och gör att du inte känner dig lika nervös längre. Allt är mycket större i våra huvuden än när det kommer ut.

Det finns olika typer av självförvållad härskarteknik som hänger på hur man avslutar sina meningar. Du ska få känna på några för att lättare undvika dem när du drabbar dig själv. Vi börjar med nervösa skratt. Säg varje mening högt och avsluta med ett nervöst skratt.

Kan vi inte prata om det? Ehe! (nervöst skratt)
Jag gillar dig. Ehe!
Hej, jag heter Elaine Eksvärd och jag är retorikkonsult. Ehe!
Jag är retorikkonsult och jag vill börja med att säga att retorik är väldigt viktigt för alla. Ehe!
Jag håller inte med dig. Ehe!
Håller du med mig? Ehe!

Vad är det som är så roligt? Precis: ingenting. Skratt är alltid trevliga på rätt ställe. Men inte i slutet av en mening som aldrig syftade till att vara rolig. Ett nervöst skratt tar allt du säger och gör det tyngdlöst. Testa skillnaden utan nervöst skratt:

Kan vi inte prata om det?
Jag gillar dig.
Hej, jag heter Elaine Eksvärd och jag är retorikkonsult.
Jag är retorikkonsult och jag vill börja med att säga att retorik är väldigt viktigt för alla.
Jag håller inte med dig.
Håller du med mig?

Visst är det bättre? Men det finns andra tendenser till självförvållad härskarteknik som hänger på sista ordet i meningen och hur du betonar det.

Ditt tonläge kan ta udden av din trovärdighet. Framför allt om du i tonläget formulerar ett påstående som en fråga. Du gör det inte i vad du säger utan hur du säger det. Vi känner igen frågor på formuleringen, men framför allt på tonläget. Testa och se om du skulle säga dessa meningar med samma tonläge:

Har du klocka?
Du har en klocka.

I påståenden går vi oftast ner i tonläge för att visa att vi inte frågar utan berättar. Men är vi osäkra eller nervösa kan många gånger ett påstående förvandlas till en fråga i tonläget, vilket kan resultera i självförvållad härskarteknik. För att du återigen ska undvika att drabba dig själv med självförvållad härskarteknik, så formulera följande påståenden som om de vore frågor i ditt tonläge. Det gör du lättast om du går upp i ton på det kursiverade ordet.

Vad kul att se *dig!*
Vi måste fatta ett *beslut.*
Jag tycker det här är *bra.*
Jag håller inte med *dig.*

Gör nu samma sak, men försök att låta övertygande. Med andra ord, säg det så som man betonar ett påstående. Är du inte van vid att göra det så, gå ner i ton på det kursiverade ordet.

Vad kul att se *dig!*
Vi måste fatta ett *beslut.*
Jag tycker det här är *bra.*
Jag håller inte med *dig.*

TIPS Om du bara säger ”är det en fråga eller ett påstående” så gör du förmodligen skillnad i tonläge när du säger ”fråga” och när du säger ”påstående”. Det tonläge du använder för ”påstående” är exakt det tonläge som du ska använda när du vill undvika självförvållad härskarteknik genom just tonläget.

"Vad är det som du inte vet?"

> Jag känner inte för att återuppta vår vänskap igen. Att du så tvärt kunde avsluta vår vänskap för att du har en kris - som vän går man igenom kriser tillsammans. Vi berättade allt för varandra och stöttade varandra. Till slut ville du inte vara min vän längre. Du sa att jag påminde dig om det du mådde dåligt över, så att se mig gjorde att du mådde ännu sämre. Det var ju självklart inte mitt fel, det sa du. Men du kunde inte vara kompis med mig längre. Men nu, ett år senare, vill du träffa mig igen. När blev du australiensare och jag en bumerang som du kan skicka iväg när du känner för det? Jag vill inte vara din vän, eller jag vet inte.
>
> UTDRAG FRÅN REBECCAS DAGBOK

En tung mening kan bli tyngdlös eller i alla fall förlora viss kraft beroende på hur man avslutar den. Många självförvållade härskare avslutar meningar och påståenden med ”eller jag vet inte”, men blicken förvandlas till ett sökande efter bekräftelse från den eller dem som ingår i samtalet. Konsekvensen av att säga ”eller jag vet inte” blir inte sällan irritation. Om du påstår något i tjugo meningar och sedan säger ”jag vet inte” har du slösat bort någon annans tid. Det är som att säga ”jag har sagt allt det här men i slutänden är det egentligen värdelöst”.

Om du inte vet så säg inget. Återkom när du vet vad du tycker. Förmodligen vet du vad du tycker och folk kommer att tro dig om du bara avlägsnar slutet. Vi gör samma sak som förut för att du lättare ska upptäcka när du drabbar dig själv:

Jag tycker vi ska ta ett annat förslag. Eller jag vet inte …
Jag tycker du är söt. Eller jag vet inte …
Jag skulle vilja ta med dig på bio. Eller jag vet inte …
Han var jätterolig. Eller jag vet inte …
Den här boken är fantastisk. Eller jag vet inte …

Inte så övertygande, måste jag säga. Säg det igen utan det självförvållade härskarslutet:

Jag tycker vi ska ta ett annat förslag.
Jag tycker du är söt.
Jag skulle vilja ta med dig på bio.
Han var jätterolig.
Den här boken är fantastisk!

Personligen tycker jag att den sista meningen lät suverän. Den kan du gärna upprepa några gånger för dig själv och andra!

Kännetecken för självförvållad härskarteknik

Du som härskar över dig själv brukar i regel avsluta meningar med nervösa skratt, "eller jag vet inte", "det kanske var dumt" eller liknande. Du inleder meningar med: "Jag har något litet", "Det tar inte lång tid", "Jag ska bara" och så vidare.

Du ger ett osäkert intryck med ditt tonläge och kroppsspråk. Man kan summera självförvållad härskarteknik med att du gör dig och det du säger mindre än vad ni är.

Därför förlorar du på självförvållad härskarteknik

Din omgivning kommer att ha svårt att lyssna på dig. Kommunikation är det som är länken mellan oss och andra, se till att den länken inte brister. Undvik självförvållad härskarteknik.

Så hanterar du självförvållad härskarteknik

Studera din retorik. Hur låter du när folk lyssnar på vad du säger, vad är annorlunda i ditt tonfall, kroppsspråk och ordval? Försök att hitta det. Men utvärdera dig själv när folk inte lyssnar på dig, vad kunde du ha gjort annorlunda? Försök att hitta dina fallgropar, täpp igen dem, och gör bättre till nästa gång. Bli en bättre retorisk version av dig själv helt enkelt, med retorikens verktyg går det.

DÄRFÖR ÄR DU EN HÄRSKARE

Vi har tittat på självförvållade härskartekniker som i mångt och mycket handlar om de signaler du skickar i din kommunikation. Låt oss nu utgå från att du är en omedveten härskare också över andra. Du som härskar gör det av olika skäl. Några skäl kan vara att du är fast i en könsroll eller social roll i sammanhanget. Men ett av de vanligaste skälen är brist på medvetenhet om signalerna du sänder ut. Du kanske inte har full koll på dina tonlägen eller ditt kroppsspråk. Det kan hända att signalerna får andra att tro att du är arg fast du inte är det. Jag har till exempel av naturen runda kinder. De är ganska tunga att hålla upp, så i neutralt läge kan jag se förbannad ut när jag egentligen är nollställd. Du såg ju DN-bilden. Det är till och med så att okända människor kan titta på mig lite förbryllat och uppmana mig att le. Jag brukar förklara att ”jag vet, det är lite olyckligt. Jag ser ut så här utan minsta ansträngning”. Men tack vare att min omgivning speglar mig ökar det medvetenheten om hur jag uppfattas och jag kan, om jag vill, kontrollera det. Jag har fått höra deltagare i mina retorikkurser säga att de satts ur balans när de ska framföra tal och sett mitt till synes arga ansikte. Egentligen har jag bara lyssnat intresserat, men omedvetet signalerat något helt annat. Jag vill att det jag signalerar ska vara det som jag faktiskt menar, därför håller jag upp mina runda kinder och nickar för att visa att jag lyssnar.

Ett vanligt skäl till att du är en medveten härskare är att du vill klättra uppåt i hierarkin. Det finns olika metoder att klättra. Dels kan man göra bättre ifrån sig som vän, medarbetare eller kanske minglare, dels så kan man klättra på andra, och där är härskartekniker en vanlig metod. Tryck ner för att komma upp. Tyvärr resulterar det i att du inte blir särskilt omtyckt och i det långa loppet trillar ner igen utan att någon tycker särskilt synd om dig.

Så svaret på varför du är en härskare kan vara ett av två: du har dålig koll på dina signaler. Eller: du har bra koll på dina signaler och utnyttjar dem för att komma uppåt i hierarkin oavsett sammanhang. Du tar med andra ord den fula vägen till makt.

Vi ska ta en närmare titt på signaler och lära oss att kontrollera dem. Effektiv kommunikation är en förutsättning för att kunna hantera härskartekniker. När man kan sätta fingret på de subtila härskarteknikerna, gäller det att kunna lyfta fram dem på ett bra sätt.

SNACKA SNYGGT

Bli den bästa retoriska versionen av dig själv

Oavsett vem du är eller vad du gör så är din kommunikation det enda som kan berätta för omvärlden vem du är. Du kan ha en magisterexamen i statsvetenskap, men på arbetsintervjun är det inte det som står svart på vitt som spelar roll. Det kan ha hjälpt dig på vägen, men väl där är det hur du framför din kompetens som avgör. Social kompetens är viktigare än en examen när du ska ta dig fram i såväl yrkes- som privatlivet. Det är ganska olyckligt eftersom många med slipad tunga kommer in på arbetsmarknaden och de kompetenta står utanför.

Ofta förknippas retorik med två saker: konsten att manipulera eller att framföra tal. Det är en del av sanningen, men långt ifrån hela och inte ens en särskilt stor del av den. Retorik är ett verktyg för att slipa kommunikationen. Det kan bli manipulativt om utövaren väljer att använda verktyget på det sättet, men det är inte skäl nog att bannlysa verktyget – snarare utövaren. Hitler var en skicklig retoriker, men han valde att använda hammaren som mordvapen. Att bannlysa hammaren istället för den som håller i den är ingen bra idé. Det är alltid någon som kommer att missbruka retorik.

Retorik är delvis konsten att tala, men främst konsten att framföra ett budskap. Det kan göras på många sätt: muntligt, skriftligt, bildligt eller på film. Det innefattar med andra ord marknadsföring, pr och reklam. När andra undrar *vad* de ska säga är det primära för en retoriker istället *hur*. I hur ligger sådant som sammanhang, kroppsspråk, kultur, plats och röstläge.

Det finns många retoriker som briljerar med svåra ord på sina föreläsningar. Du kanske har hört talas om ethos, logos och pathos? (Ethos = talarens karaktär, logos = det som sägs, pathos = vädjan till publikens känslor.) Ordlistan kan göras längre: circulus in demonstrantio, copia, decorum, delectare, disposito, docere, doxa, elocutio, genus judiciale, illusio, inventio, memoria, movere, persona, persuadera, pronuntatio, vir bonus… Och visst kan du tänka: ”Vilken smart kvinna! Hon kan en massa ord som inte jag kan.” Men om huvudsyftet för en retoriker är att framföra ett budskap och göra sig förstådd är det sista jag vill att publiken ska känna sig dum. Så var inte orolig – jag kommer inte att ge dig en massa antika ord, utan tips som kan förbättra din retorik idag.

Perspektivet – kläderna – rösten – kroppsspråket – budskapet

Det är i den ordningen vi tolkar in budskap, oavsett var vi kommer ifrån. Så om du undrar *vad* du ska säga kan jag lugna dig: vi kommer dit avslutningsvis. Låt oss först sätta dig i perspektiv.

PERSPEKTIVET
Det här tänker folk när de ser dig

För att få folk att lyssna behöver du först och främst sätta dig själv i perspektiv. Säg att du ska konfrontera härskaren med saklig kritik, men hur han eller hon betraktar dig kommer att påverka hur kritiken landar. Att sätta dig själv i perspektiv är inte bara effektivt när du ska ge kritik utan alla de gånger du ska få folk att lyssna. Hur sätter du dig själv i perspektiv? Jo, genom att fråga dig vad folk tänker när de ser dig. Dela upp det i tre delar:

1. Utseende

Beroende på om du är man eller kvinna, svart eller vit, äldre eller yngre, så väcks det olika fördomar om dig. Det var exakt det jag pratade om i kapitlet om stereotypmetoden. Var nyfiken och fråga personer som du träffar för första gången om vad de tror att du är för en filur. Du ska till och med få en uppgift. Den närmaste tiden så vill jag att du frågar tio vänner eller bekanta eller till och med okända vad de tänkte första gången de såg dig. Skriv ner de fem vanligaste uppfattningarna om dig här.

....

....

....

....

....

2. Position

Det du jobbar med eller din position på jobbet väcker fördomar. Säg att du är ekonom, jurist, bilmekaniker, vd. Eller att du representerar ett visst företag. Ikea, Telenor, Scania, Make up Store. Vad är folks tankar om din position i yrkesrollen eller det företag du representerar? Skriv ner tankar folk har om din position här:

....

....

....

3. Social roll

Det här är nog det mest intressanta för nu närmar vi oss sanningen om dig. Eller så kan du ha fastnat i fel social roll och har svårigheter att ta dig ur. Be dina vänner och din familj vara ärliga. Hur skulle de beskriva dig med tre ord? Skriv ner de tre vanligaste karaktärsdragen här:

....

....

Nu har du satt dig själv i perspektiv. Det innebär att du har en ungefärlig uppfattning om hur andra ser på dig beroende på om de känner dig eller inte. Ha det i minnet när du går vidare. Hur de uppfattar dig styr hur du kan lägga fram ditt budskap. Ett lysande budskap kan bli uruselt om det kommer i fel händer. ”We shall overcome” var fint när det kom från Martin Luther King, men det passade inte Birgit Friggebo. Hon tittade på budskapet och tänkte ”varför inte” men hon hade varken sett sig själv eller målgruppen i perspektiv. Fel person, fel land, fel publik och fel tid. Skillnaden är inte så stor när du har haft en misslyckad konversation. Du kanske tyckte det var rätt sak att säga, men var det rätt tidpunkt och formulering?

KLÄDERNA

När du har satt dig i perspektiv så ska du använda klädsel strategiskt. Klädsel ”talar”, vi tittar på folk runt omkring oss och får en uppfattning om deras ”flocktillhörighet”. Frågan är vad du vill säga med din klädsel och vad du vill uppnå?

Det viktigaste är att inte kläderna tar uppmärksamheten från det du säger. Använd istället en av de här fyra klädstrategierna:

Närhetsstrategin

Det är när du med din klädsel vill säga ”jag är som du”, du försöker smälta in i sammanhanget genom att klä dig som de andra. Det skapar närhet till dem du pratar med, du säger indirekt att ni tillhör samma flock. Det *kan* vara bra, men det beror helt på vad du ska säga. Vill du hävda att du kan något som inte de kan, då ska du använda dig av positionsstrategin istället.

Positionsstrategin

Denna klädstrategi ska du använda för att förstärka din position. Vad är det du ska prata om och hur ska man se ut då? Säg att du är ekonom eller jurist, då är det viktigt att din kompetens syns så att lyssnarna snabbt förstår att du kan dina saker. Steve Jobs – grundare av Apple – utnyttjar den strategin. Han ser inte ut som kostymnissarna i publiken – tvärtom. När han håller föreläsningar sätter han på sig svart polotröja, blå jeans och sneakers. Varför? För att signalera sin position – datanörd – men också för att visa att han inte är som de andra. Han kan något mer än de. Så ibland finns det skäl att sticka ut. Hur ser ”en sådan som du” ut? Klä dig så.

Värderingsstrategin

Den här strategin använder du när du vill visa vilka värderingar du har. Kan kläder visa det? Snarare är det så att vi drar slutsatser utifrån folks klädval och vi kan dra det rätt långt. Den här generaliseringsförmågan utnyttjas, det gjorde bland annat moderaterna i valet 2010. När Reinfeldt skulle prata miljöpolitik drog de på honom en grön ylletröja. Han skulle kännas som en som värnade om naturen och då var det viktigt att kläderna skickade de signalerna. Men, tänker många, var inte det lite väl övertydligt? Absolut! Men att vi ser att vi blir påverkade frigör oss inte från det faktum *att* vi blir påverkade. Du kan se en reklamfilm en dag och tycka att den var övertydlig och lite väl "amerikansk" men lik förbannat är det Vanish du köper när du fläckat ner skjortan med vin. Vilka värderingar vill du att lyssnaren ska tänka att du har? Klä dig därefter, men de bör vara sanningsenliga.

Budskapsstrategin

Här väljer du kläder som är i harmoni med ditt budskap. Ska du som vd skära ner och hävdar att det är tungt ekonomiskt just nu, då kanske du inte ska ta på dig Armanidräkten, för då kommer folk tänka att det "knappast är tungt för dig, din girige typ". Du ska inte heller klä ner dig. Men det är viktigt att ditt budskap rimmar med det du har på dig. Ikea är noga med att om att alla har lika värde och det kan man se eftersom alla anställda har Ikea-ställ på sig. Hade vissa gått i Armanikostymer så ser vi tydligt att budskapet inte rimmar med verkligheten. Se till att det du säger är i harmoni med klädseln.

RØSTEN

Säg att du har haft en misslyckad konfrontation med en härskare. Det gick helt enkelt inte som du hade tänkt dig. Du kanske står där och skakar på huvudet, för det var inget som du sa som var fel. Så kanske det var. Men hur *lät* du när du sa det?

Rösten är det som ger oss en känsla för budskapet. Hur du låter avgör i mångt och mycket hur det du säger landar. Det finns säkert personer i din omgivning som du inte står ut med.

Det kan bero på hur de låter. När jag håller föreläsningar och frågar publiken vilka personers röster de inte står ut med så får jag fyra återkommande namn: Kristina Lugn, Maud Olofsson, Göran Persson och Mona Sahlin. Men det är sällan någon som säger: "Jag gillar inte rösten, men jag gillar det hon eller han säger." Varför är det så? Jo, för rösten ger oss inte bara en känsla för budskapet utan också personen. Varför Maud Olofsson retar vissa är för att hon pratar väldigt snabbt. Som lyssnare vill vi andas när den som pratar pausar. Problemet är att Maud Olofsson sällan pausar, hon pratar i ett tempo som gör att pulsen ökar hos lyssnaren. Mona Sahlin och Kristina Lugn gör raka motsatsen. De pratar så långsamt att folk blir irriterade. Dessutom har Sahlin (och även jag) Sveriges minst uppskattade dialekt – stockholmska. Göran Persson retar folk för att han gör självgoda fnysningar mellan meningarna.

Frågan är hur du låter när konversationen misslyckas? Att utvärdera rösten är lika viktigt som att utvärdera det som sagts.

Hur använder du rösten strategiskt? Är det ett påstående så är det viktigt att du går ner i tonläge i slutet av meningen. Vi gick igenom den övningen lite tidigare i boken. Är det däremot ett glädjande besked eller en fråga så ska du höja tonen i slutet.

När du ger kritik eller konfronterar härskaren så kommer din inställning till konfrontationen avgöra hur du låter. Är det så att du tycker att det är obekvämt och olustigt då kommer du låta exakt så. Men har du istället inställningen att du ska lösa något *tillsammans* med härskaren så kommer du ha en rätt optimistisk och konstruktiv ton – sträva efter det. Studera ditt tonfall och din melodi i rösten när du pratar med någon du bryr dig om. Försök att ha samma ton när du pratar med någon du tycker är dryg – då kommer ni ha större förutsättningar att mötas. Använd din melodi i rösten strategiskt, säg följande mening:

”Jag tycker inte att vårt samarbete har fungerat så bra.”

Säg samma mening på de här fem olika sätten: monotont, arrogant, med ett glädjerus, som en sportkommentator, sakligt och till slut som om det riktas till någon du verkligen bryr dig om. Gör den här övningen en gång till och försök att verkligen mena det du säger till varje ny stil. Det du kommer märka är att ditt kroppsspråk ändras beroende på vilket sätt du säger meningen på – och där har vi nyckeln! Kroppsspråket styr röstläget. Försök att gå upp i ton i slutet av en mening utan att höja ögonbrynen. Du kommer märka att det är svårt eftersom det händer omedvetet. Så är du obekväm, ser obekväm ut så kommer du att låta obekväm. Är du däremot obekväm, men vill förmedla omtanke så studera din mimik och kroppsspråk när du har ett samtal med någon du bryr dig om. Härma det kroppsspråket så kommer rösten förmedla omtanke. Var inte orolig, det är inte så att du ska sätta någon kollega i knät och vagga honom fram och tillbaka. Men du ska i alla fall kunna identifiera när du är mer eller mindre framgångsrik i röstläget.

Se till att röstläget är i harmoni med den känsla du vill förmedla. Studera vad de du lyssnar på har för tendenser i rösten, men studera även dem du knappt står ut med att lyssna på. Vad har de för tendenser? Du lär dig sätta fingret på det subtila i andras kommunikation och samtidigt finslipa den egna.

KROPPSSPRÅKET

Det första språk ett barn lär sig tolka och behärska är kroppsspråket. Det är inte konstigt att det präglar en stor del av det vi kommunicerar. Skillnaden nu och då är att när vi var barn så visste vi vad vi skulle göra för att få reaktioner. Gråta, skrika eller skratta fick våra föräldrar att reagera extra mycket. Med åren blir det istället kroppsspråket vi använder oss av. Det är det som avslöjar att vi är nervösa, oroliga eller glada och lugna.

Det finns många sätt att tillämpa härskartekniker genom kroppsspråket. Ett klassiskt exempel är handen på axeln. Det är en mildare version av en klapp på huvudet, men fortfarande en olämplig gest beroende på sammanhang och relation till den man samtalar med. Att ha sina handflator ovanför en annan person indikerar att man befinner sig i överläge gentemot den andra. Det finns många sätt att ha handflatan över andra. En manlig kollega fick uppleva det när han hälsade på en äldre man. Mannen vred om handen så att min kollegas hand var under hans egen när de skakade hand. Med kroppsspråket sa han: ”Jag är över dig och tro inget annat.” Resultatet av en sådan handling är en lätt obehaglig känsla, irritation eller rentav ilska för den som blir förtryckt. Vill du ge ett gott intryck vid första hälsningen föreslår jag att du möter den andra på samma nivå.

Oavsett kultur, uppväxt, bakgrund och kroppsspråk har vi rent kommunikativt en sak gemensamt: vi tolkar in och lägger stor vikt vid kroppsspråket när vi lyssnar. Det är viktigt att behärska sitt kroppsspråk vid härskarsituationer. Det sista du behöver då är ytterligare en härskare, det vill säga i form av kroppsspråket. När vi är nervösa skickar kroppsspråket signaler som tar bort tyngden från det vi säger. Det är svårt att vara nervös och övertygande, men det går. Det förutsätter att du tar makten över ditt kroppsspråk och använder det som ett verktyg för att förstärka det du säger. Precis när du behöver ta dig upp på jämställdhetsplanet visar ditt kroppsspråk att du är rätt så liten just då.

För att behärska kroppsspråket är det en sak du ska fokusera på, nämligen tanken. Det du tänker präglar ditt kroppsspråk. Istället för att försöka ha koll på alla delar, kontrollera tanken. Visualisera det du vill att din omgivning ska se så kommer den att se det. Vill en trollkarl att du ska titta på pennan hon håller i så tittar hon inte på dig utan på pennan. Tänk på det du säger så kommer publiken att göra det. Tänk inte på publiken eller omgivningen. Det är ju det du säger som är intressant. Hur var det nu igen? Just det!

Var inte rädd för tystnad, den upplevs många gånger som eftertänksamhet, och det är inget dåligt med det.

För att få folk att lyssna så brukar jag dela med mig av några enkla regler. En är att du ska ha ögonkontakt med den du pratar med. Ha ett öppet inbjudande kroppsspråk så kommer du öka trovärdigheten. Glöm ”det naturliga”, ”normalt samtalsavstånd” och liknande. Allt beror på, utgå från varje sammanhang och person och inte från dina fördomar om vad som är ”normalt”.

BUDSKAPET

Nu när vi närmar oss slutet av boken så har du fått verktyg för att identifiera och hantera de olika härskarteknikerna. Nu har vi kommit till kärnan – hur ska du formulera dig till härskaren? Målet är att du gör ditt budskap attraktivt för härskaren, får honom att känna att det är värdefull information han får. Men för att du ska komma dit behöver du först veta vad det är du vill säga. Många har en känsla, men det gäller att översätta känslan till ord så att härskaren förstår.

Vad vill jag säga och vad är min poäng?

Gå till kärnan innan du bemöter härskaren. Skriv ner för dig själv vad det är du vill att härskaren ska förstå och inse. Risken är annars att du blir för känslomässig i stundens hetta och glömmer bort kärnan i ditt budskap. Har du till exempel kommit överens med din chef om att du ska jobba på semestern för att chefen tyckte det var en bra idé men nu har du ångrat dig, så är kärnan i ditt budskap att du inte vill jobba på din semester. Har någon vid upprepade tillfällen, eller kanske vid ett tillfälle, kallat dig "lilla gubben"? Då är kärnan i ditt budskap att du inte vill bli kallad för "lilla gubben". När du har fått fram kärnan i ditt budskap har du kommit en bra bit på vägen. I alla fall när det gäller härskartekniker. De som har mod att konfrontera den som förtrycker får ofta fram sina känslor men inte kärnan. Det gör att härskaren känner sig konfronterad med ett raseriutbrott men utan att riktigt förstå varför.

Vilka är mina argument?

När du har kärnbudskapet behöver du grunda ditt påstående med argument. Argument som är attraktiva för härskaren och får honom att förstå att han nog inte bara för din skull utan även för sin egen skull borde sluta kalla dig "lilla gubben". Rada upp tio argument som stöder tesen att härskaren ska sluta kalla dig "lilla gubben":

Jag vill inte bli kallad för "lilla gubben". (Kärnan)

1. Jag heter Anders.
2. Vi har inte en vänskaplig relation utan professionell
3. "Lilla gubben" låter inte professionellt
4. Det låter som du underskattar min intelligens.
5. Det är ett omyndigförklarande.
6. Du vill nog inte att jag kallar *dig* "lilla gubben".
7. ...

Bara för att du ska omsätta det här i verkligheten så vill jag att du tänker på ett verkligt härskarscenario. En besvärlig person i din vardag som utövar härskartekniker mot dig. Vad är det du vill att personen ska sluta med? Skriv det här:

....

....

Nu ska du skriva ner så många argument du kan komma på för att härskaren ska sluta. Se till att en del av dem får personen att förstå att han eller hon faktiskt för egen del borde sluta med det.

....

....

....

....

....

När du har skrivit ner argumenten är det dags för proceduren "kill your darlings". Det är för att du ska få fram de absolut bästa av dina argument. Ta ut tre stycken som du tycker är bäst och tre som du tror att mottagaren kommer att köpa. Efter det är det dags att göra det tuffa jobbet – byta perspektiv. För att kunna bemöta din motståndare på bästa sätt bör du veta hur han eller hon kan tänkas argumentera. Rada därför upp tio argument med ett kärnbudskap motsatt till ditt. Man bör fortsätta med härskartekniken mot mig därför att:

....

....

....

....

....

....

....

....

....

....

Hur svårt det än är så försök och tänk dig in i härskarens position, kanske finns det skäl att han gör så. För att du ska kunna sticka hål på hans argument så är det viktigt att du känner till dem. Så rada upp så många du kommer på.

När du har radat upp dem så får du lyckan att ta bort alla utom de tre bästa – tänk över dem. Det kan hända att den du ska prata med har exakt de argumenten och då kan du redan nu, före mötet, punktera dem. Sänk argumenten men sänk aldrig personen. Du vill inte lämna den du pratar med platt, utan du vill lämna honom med känslan av att ditt kärnbudskap faktiskt har relevans.

Kort och gott

Ställ dig själv följande frågor innan du konfronterar härskaren: Vad ska jag säga? Varför behöver just de jag talar till höra det? (Hitta argument.) Målet är att du ska göra ditt budskap attraktivt för härskaren och då kan han gå från härskare till trevlig kollega eller vän och du kan lägga energi på annat. Det vore väl skönt?

Försök att dra så lite uppmärksamhet som möjligt till dig, dina kläder, din röst och ditt kroppsspråk. Allt detta ska bara hjälpa till att förstärka det du säger. Hur du gör det beror på publik och sammanhang. Nyckeln till effektiv kommunikation är att kunna paketera samma budskap i olika former. Testa formen och be om feedback. Säger de att du är karismatisk, då är du karismatisk. Säger de och förstår vad du har sagt, då är du en retoriker.

AVSLUTNING

Det finns väldigt många härskartekniker och alla ryms inte i boken du håller i. Boken är främst till för att du ska kunna lyfta fram det subtila, oavsett vilken härskarteknik det handlar om. Den är även tänkt att kunna användas i förebyggande syfte så att du inte drabbas av, eller drabbar andra med, förtryckande medel.

Innan du kan lyfta fram det subtila är det viktigt att kunna sätta fingret på de olika härskarteknikerna. Trots att härskarteknikerna är många så kan de flesta stoppas in under de åtta huvudkategorierna som boken nämner. Huvudkategorierna fungerar som mall, om vi bortser från genusfiltret och tendenser som kvinnor och män *kan* ha. Kom ihåg att tendenser har en benägenhet att ändras, så det är lönlöst att försöka fästa specifika tekniker på kvinnor respektive män. Dessa åtta härskarmetoder fokuserar på utövandet av härskarteknik, inte på han eller hon som gör det. Jag tror det är dags att vi suddar ut ansiktet på dem som tar den fula vägen till makten. Vi borde istället börja med att betrakta oss själva när någon utövar härskarteknik mot oss. Det kanske skulle motivera oss att sluta söka efter ansikten. Plocka ner spegeln och rikta den mot härskaren – spegla situationen. Och lägg härskarteknikerna på minnet nästa gång du utsätts för dem.

1. Projiceringsmetoden
2. Komplimangmetoden
3. Stereotypmetoden
4. Martyrmetoden
5. Uteslutningsmetoden
6. Hierarkimetoden
7. Tidsmetoden
8. Självförvållad härskarteknik

Vad du än gör, gå aldrig med på det falska dilemmat som många tror är de enda alternativen när de blir utsatta för härskarteknik: attackera eller försvara. När du konfronterar någon som utövar härskarteknik kan frågorna från härskaren till dig många gånger bli ”är du arg?” eller ”är du ledsen?”. Men eftersom du utgår från att härskaren är omedveten föreslår jag *ett* svar till två frågor: ”Först och främst är jag nyfiken på hur du tänker.”

Avslutningsvis vill jag påminna dig om den ”interkulturella världen”, den som är en väg till effektiv kommunikation med dem vi inte förstår och dem som inte förstår oss. Härskartekniker är oftast omedvetna, men många gånger är de till och med resultatet av en kulturell krock. En samtalston i Brasilien kan betraktas som en härskarteknik i Sverige enbart på grund av röstläget. Innan du håller upp de sju filtren framför potentiella härskartekniker så ta en titt på vem det är du pratar med. Har personen din kulturella kompetens, har du personens kulturella kompetens? Ni kanske har olika kommunikationskompetenser och beroende på vilka de är finns risken för kulturella krockar och missförstånd. Varför kulturell kompetens och interkulturell kommunikation är angeläget för Sverige kan summeras i en fjärdedel av vår befolkning, som om tio år kommer att vara en tredjedel. Men det kan också summeras i nio miljoner – Sveriges befolkning. Vill du förstå världens befolkning och hänga med i globaliseringen, försök då att få lite perspektiv på dig själv, ditt sammanhang och dina signaler. Detta ska självfallet inte hindra att du berättar för personen ifråga om hans eller hennes signaler.

Det finns många som tar den fula vägen till makt. Vi gör det medvetet eller omedvetet. Jag är övertygad om att vägen dit kommer att bli ännu krokigare när fler fingrar förvandlas till hinder. För varje gång du sätter fingret på en härskarteknik inför härskaren, blir samma finger ett väldigt högt hinder att hoppa över nästa gång. Oftast blir samma finger ett vägslut för härskartekniken och den fula vägen till makt har därmed spärrats. Men det förutsätter att du vågar peka både på dig själv och andra när ni utövar härskartekniker. Det är lätt att rusa fram på en plan väg, men hinder fungerar lätt som bromsklossar.

Sänk ambitionerna när du ska göra något åt härskartekniker, allt du behöver är ett finger. Och hur frestande och kittlande det än kan vara, försök att undvika ditt långfinger.

TACK

Tack Gud för att jag får leva på att göra det jag älskar, för alla fina personer som jag får träffa och jobba med. Det är alltid en tröst att vet att något större tror på mig när jag har tappat min tro på skrivandet. Jag skulle inte kommit hit utan Dig, tack!

Tack till min förläggare Anders Sjöqvist för att du trodde att jag kunde skriva en bok efter att ha hört mig snacka. Tänk att det skulle leda till att 60 000 skulle läsa den boken också. Himla rolig resa vi fick! Tack kära Norstedt för att jag fick låna några sidor från *Snacka Snyggt*. Tack mamma för outsinlig tro på mig och villkorslös kärlek. Tack till min lågstadiefröken Carola Frankenstein (vila i frid) för att du övertalade mig att lämna mina storvulna planer på att jobba i Pressbyrån i Bredängs centrum för att istället sikta in mig på skriv- och talarkonsten. Tack till min älskade man Gustav. Utan ditt stöd hade uppdateringen av *Härskarteknik* inte varit möjlig. Tack också för din ärliga kritik av första versionen av boken! Tack alla kvinnor och män som stöttar förtryckta, varandra och de andra. Tillsammans utrotar vi härskarteknik och gör den som tagit den fula vägen till makt, maktlös.